나도 한다!
온택트 마케팅

나도한다!
온택트 마케팅

초판 1쇄 발행 2021년 1월 5일

지은이 지용빈·안철 **펴낸곳** 크레파스북 **펴낸이** 장미옥
기획편집 황한나 **책임편집** 노선아 **디자인** 디자인크레파스

출판등록 2017년 8월 23일 제2017-000292호
주소 서울시 마포구 성지길 25-11 오구빌딩 3층
전화 02-701-0633 **팩스** 02-717-2285 **이메일** crepas_book@naver.com
인스타그램 www.instagram.com/crepas_book
페이스북 www.facebook.com/crepasbook
네이버포스트 post.naver.com/crepas_book

ISBN 979-11-89586-24-9(13320)
정가 16,000원

이 도서의 국립중앙도서관 출판예정도서목록(CIP)은 서지정보유통지원시스템 홈페이지(http://seoji.nl.go.kr)와 국가자료종합목록
구축시스템(http://kolis-net.nl.go.kr)에서 이용하실 수 있습니다.(CIP제어번호 : CIP2020053000)

나도한다!

온택트마케팅 ▼

 콘셉트로 끌어당기고, 콘텐츠로 번다

지용빈 · 안철 지음

크레파스북

NAVER   Instagram   YouTube

프롤로그
Prologue

2011년, 30대 중반의 두 청년이 맥주 전문점을 시작했습니다. 두 청년은 맥주 사업을 시작하기에 앞서, 본인들의 특기를 살려 시장 조사에 나섰습니다. 한 청년은 대기업에서 마케터로 근무해 온 경험이 있었기에 마케팅 전략 수립에 자신 있었습니다. 다른 청년은 이커머스 관련 매거진에서 에디터로 일했던 경력이 있었기 때문에 온라인 마케팅에 특히 자신감을 보였습니다. 둘은 6개월이라는 시간 동안 아이템 조사와 콘셉트 개발에만 매진했습니다. 남녀노소 누구나 찾는 맥주집은 어떤 특징이 있는지, 다른 맥주 전문점은 어떻게 가게를 홍보하는지 등등. 철저히 조사하고 또 조사했습니다. 엄동설한 12월 한 달 동안엔 서울 시내 유력 상권을 돌아보며 입지 조사도 했습니다. 그렇게 1년 남짓의 준비 끝에 장사를 시작했고, 두 청년은 장사를 시작한 지 6개월 만에 적자로 사업을 접어야 했습니다.

철저한 시장 조사에도 불구하고 고배를 마셔야 했던 두 청년은 총 4가지 이유를 실패의 원인으로 분석하였습니다. 첫째, 소비 심리 위축입니다. 2011년 어느 정도 회복세를 보였음에도 불구하고 한국 사회의 가계 소득은 여전히 금융위기 때인 2008~2010년 수준에 머물러 있었습니다. 둘째, 입점 상권의 쇠락입니다. 배후 상권의 기능을 할 수 있도록 상권을 견인해 주었던 사업체들이 세계 금융 위기로 인해 철수하게 되면서 가게가 입점한 지역의 상권이 무너졌습니다. 셋째, 상권을 견인해 주던 지역 경제의 몰락으로 인해, 일종의 매스티지 전략을 차용했던 콘셉트의 대상 고객이 감소했습니다. 넷째, 그렇게 자신만만했던 마케팅의 실패입니다. 대형 프랜차이즈 맥주 전문점에 적용할 수 있는 마케팅 전략들을 고안해서, 작은 가게 하나에 적용하는 것은 그리 적당하지 않았던 것입니다. 온라인 마케팅 역시 소상공인에게 필요한 적절한 마케팅 방법에 대한 고민이 부족했습니다. 그렇게 의기양양했던 두 청년은 2년 만에 큰 손실을 보고 사업을 정리할 수밖에 없었습니다.

네, 그 두 청년이 바로 저희 둘이었습니다.

그제야 저희는 시작 전에 소상공인에 대한 멘토의 조언이라도 받을 수 있었다면 어땠을까 하는 아쉬움에 한숨을 토해냈고, 그때의 그 아쉬움을 못 잊고 2018년에 본격적으로 경영 컨설팅 일을 시작했습니다.

2000년대까지만 해도, 소상공인에게 가장 친숙한 마케팅 방법은 전단지였습니다. 집집마다 무작정 배포되는 것은 물론이고, 열독률 84%에 달했던 종이 신문에도 간지로 끼워 넣어 직접적인 홍보가 가능했습니다. 그러다 2010년대에 들어서는 블로그를 중심으로 한 온라인 마케팅이 대두됐습니다. 2003년 서비스를 시작한 네이버 블로그가 2008년부터 파워블로거를 선정하면서, 몹시 영향력 있는 온라인 마케팅 플랫폼으로 자리매김한 겁니다. 그렇다 보니, 이맘때쯤 소상공인들 역시 블로그 중심의 온라인 마케팅에 대해 인식을 갖추기 시작하였습니다.

지금은 그때와 또 많은 것이 변하였습니다. 신문 구독률은 20%대로 떨어졌고, 옥외광고물법 개정으로 전단지도 마음대로 돌리지 못하게 됐습니다. 그 사이 네이버 블로그뿐만 아니라 페이스북, 인스타그램, 유튜브와 같은 새로운 플랫폼들이 대두되었습니다. 그러자 네이버는 스마트 스토어, 스마트 플레이스, 모두(Modoo)와 같은 좀 더 다양한 플랫폼 서비스를 선보였습니다. 거기다 스마트폰의 대중화와 삼성페이, 카카오페이와 같은 결제 간소화 서비스의 발달로, 온라인은 더 이상 선택이 아닌 '필수'가 돼버렸습니다. 또한, 현재같은 팬데믹 시대에는 온라인을 넘어 온택트 마케팅까지 잘 알아야 살아남을 수 있습니다.

그러나 중소상공인들에게 온택트 마케팅은 여전히 십여 년 전 수준에 머물러 있는 경우가 대부분입니다. 온택트 마케팅이 필요하다는 인식만 존재할 뿐, 어떻게 접근하고 무엇을 시작해야 하는지에 대해서는 잘 알고 계시지 못합니다. IT기술의 발달은 디지털 문맹도 함께 증가시킨 것입니다. 온택트 마케팅의 문 앞에서 초인종조차 누르지 못하고 서성이는 분들을 많이 뵙다 보니, 이런 상황이 특히나 안타까웠습니다. 그래서 온택트 마케팅 플랫폼별로 기초가 될 만한 강의안을 만들기 시작했습니다. 네이버, 인스타그램, 유튜브라는 가장 대중적인 세 가지 플랫폼을 중심으로 온택트 마케팅의 대부분을 아우를 수 있는 강의안을 만들어 강의를 진행했습니다. 수강해 주셨던 많은 분이 재밌어하면서 따라와 주시는 모습을 보니, 아예 책으로 정리해서 내놓으면 소상공인 여러분에게 좀 더 도움이 되지 않을까 싶은 생각에 다다르게 됐습니다.

그게 바로 이 책입니다.

온택트 마케팅이라고 해서 그리 대단한 일은 아닙니다. 그저 명함이나 전단지를 온라인상에 뿌리는 일이라고 생각하시면 쉽습니다. 한 번도 해본 적이 없어 선뜻 다가서질 못하고 있을 뿐입니다. 간혹 온택트 마케팅을 잘하면 대박이 난다는 말에 혹하는 경우들도 자주 접했습니다. 하지만 갑작스럽게 대박을 내는 일은 쉽지 않습니다. 모든 일이 그렇듯, 천 리 길도 한 걸음부터입니다. 게임과는 달리, 인생에 치트키는 없기 때문입니다. 그저 하나씩 따라만 해 보세요. 저희 책 역시 그 한 걸음 한 걸음을 위해, 쉽게 따라오실 수 있도록 기초적인 부분을 다루었습니다. 더불어 걸음이 전진이 될 수 있도록 심화한 정보도 곁들였습니다.

모쪼록 저희의 책과 함께 마음 편하게, 놀이처럼 첫걸음을 떼실 수 있길 기대해 봅니다.

2020년 12월 관악산 자락 麒麟齋에서
지용빈, 안철

| CONTENTS |

프롤로그 : Prologue   006

1장   **마케팅 최신 트렌드 알아보기**

01. 소비 패러다임의 변화   015
02. 포스트 코로나 시대의 변화   021
03. 포스트 코로나 트렌드 전망   027
04. 2021년 창업 트렌드 전망   034
05. 언택트 소비문화의 핵심, 배달앱   042

2장   **온택트 마케팅, 필수적인 사전 준비**

01. 콘셉트로 소비자 끌어들이기   051
02. 고객 의견 조사하기   054
03. 우리 가게의 장·단점 파악하기   057

3장   **포털사이트 마케팅의 꽃, 네이버**

01. 포털사이트 중 왜 네이버일까?   065
02. 네이버 스마트 플레이스 등록하기   069
03. 모두(Modoo)로 우리 가게 홈페이지 만들기   080

4장 | **온택트 마케팅의 첫 단추는 검색 키워드 선정!**

01. 네이버 키워드스테이션 이해하기   093
02. 네이버 키워드스테이션 따라하기   098
03. 성공적인 검색 키워드 뽑는 법   101

5장 | **우리 가게를 공유하게 만드는 네이버 블로그 마케팅**

01. 왜 네이버 블로그를 해야 하는가?   107
02. 네이버 블로그 무작정 시작하기   110
03. 잘 만든 네이버 블로그 벤치마킹하기   120
04. 검색 엔진 최적화 따라하기   127

6장 | **우리 가게를 널리 알리는 인스타그램 마케팅**

01. 왜 인스타그램을 해야 하는가?   141
02. 인스타그램 계정 등록   146
03. 팔로우를 늘리는 인스타그램 전략   154
04. 광고 설정으로 타겟 만들기   160
05. 인스타그램 상위 노출의 법칙   165

7장 | **우리 가게 팬층을 확보하는 유튜브 마케팅**

01. 돈 버는 유튜브 콘텐츠   171
02. 쉽게 따라하는 유튜브 콘텐츠 제작   174
03. 조회 수가 올라가는 콘텐츠 업로드 전략   181

에필로그 : Epilogue   188

Ontact Marketing

1장

마케팅
최신 트렌드
알아보기

· · ·

　"트렌드가 돈이다.", "트렌드를 읽어야 성공한다."라는 말. 너무 많이 들어서 식상할 정도입니다. 그런데 막상 "트렌드(Trend)"란 말에는 멈칫하게 됩니다. 대단한 뜻이 있는 건 아닙니다. "한 방향으로 이루어지는 변화" 정도의 뜻을 가진 영어 명사입니다만, 요즘은 거의 "유행(流行)"과 같은 뜻으로 자주 쓰입니다. 중요한 건 "방향성"을 가지고 있다는 것과 "변화"란 것입니다. 쉽게 말해서, 세상은 빠르게 변하고 그 변화의 흐름을 읽어내야 한다는 의미입니다.

　변화의 흐름을 읽어내는 일은 말처럼 쉽진 않습니다. 세상엔 수많은 것들이 존재하고, 그 지식 수준은 18세기 계몽주의 시대의 백과전서파(百科全書派, 백과전서를 지은 18세기 프랑스 지식인 그룹)들이 활약할 수 있는 수준을 넘어선 지 오래입니다. 우리는 세상만사 하나도 빼놓지 않고 만기친람(萬機親覽, 임금이 모든 정사를 친히 보살핌)할 수 있는 철인(哲人)이 아니다 보니, 전문가들의 지식을 활용해야만 합니다.

　요리는 요리사에게, 마케팅 트렌드 분석은 마케터에게 맡기시면 그만입니다. 여러분은 그저 전문가들이 내놓은 분석을 내 사업에 잘 적용하기만 하면 됩니다. 그럼 지금부터 여러분의 사업에 보탬이 될 수 있는 최신 트렌드들을 하나씩 살펴보도록 하겠습니다. 전문용어를 아예 쓰지 않고 설명할 수는 없어서, 조금은 생소하실 수 있습니다. 그래도 가능한 한 쉽게 설명해 드리기 위해 노력했으니, 부담 없이 따라와 보세요.

01.
소비 패러다임의 변화

　인간의 역사는 '소비'에서 시작됐다고 해도 과언이 아닙니다. 자급자족하던 원시시대 인간들이 분업을 통해 서로의 생산물을 교환하기 시작하면서 문명이 발생했고, 마침내 호모 이코노미쿠스(Homo Economicus, 경제적 인간)들의 합리성이 자본주의를 이룩해 냈습니다. 자본주의하에서 우리 인간은 끊임없이 소비하고 있고, 그 소비 패러다임도 멈추지 않고 변화하고 있습니다. 소비 패러다임의 변화는 기술의 혁신적인 진화에서 시작합니다. 기술이 발전하면 상품 생산이 완전히 바뀌게 됩니다. 그러면 그 상품들이 소비되도록 결제 수단도 혁신이 일어나게 되죠. 그렇게 소비 환경이 바뀌면 소비 구조도 바뀌게 됩니다. 결국 소비자들도 변화에 맞춰서 똑똑한 소비를 하기 위해 노력하게 됩니다.

　1920년대 미국에서는 크게 두 가지의 기술 혁신이 이루어졌습니다. 우선 포드에 의해 대량 생산 방식이 정착했습니다. 또한, 전기의 상용화로 가전제품의 판매가 급속도로 늘어나게 됐죠. 그렇다 보니 자동차와 세탁기, 냉장고, 다리미의 "할부 판매" 방식이 일반화되어 결제 방식이 바뀌게 됐습니다. 너도나도 자동차를 갖게 되자 생활 반경이 넓어지게 됐고, 생활양식마저 바뀌게 됐죠. 자동차 매매를 비롯해 "렌트" 시장이 생겨났습니다. 살림을 대신할 만한 가전제품의 등장으로 가사노동에서 해방된

여성들의 사회진출이 늘어났고, 플래퍼*라는 신여성들이 등장했습니다. 풍요로운 그 시절을 배경으로 한 대표작으로는 F. 스콧 피츠제럴드의 소설 《위대한 개츠비》가 있습니다.

2000년대 초반, 인터넷 기술의 급속한 발전도 세상을 놀랍게 변화시켰습니다. 초고속 인터넷의 발달은 인터넷 뱅킹을 대중화시키는 데에 커다란 역할을 하였고, 인터넷 뱅킹의 대중화는 온라인 쇼핑의 전성기를 가져왔습니다. 기술이 진보하자 결제 수단도 따라서 발전하게 되었고, 그에 따라 새로운 소비 플랫폼이 정착하게 된 것이죠. 그렇다 보니 프로슈머**나 리뷰슈머***와 같은 소비자들이 나타나게 됐습니다.

이제 2020년입니다. 그동안 인터넷은 상상을 초월할 정도로 발전했고, 이에 따라 소비 패러다임도 눈이 부시게 바뀌고 있습니다. 기술과 결제 수단, 소비 구조 혁신에 따라 무엇이 변화하였는지, 더 나아가 시장이 바뀌면서 소비자에게는 어떤 혁신이 일어났고, 어떤 변화가 일어났는지 하나씩 살펴보겠습니다.

---

*   플래퍼 – Flapper, 짧은 치마나 소매 없는 드레스를 입고 단발머리를 하는 등 종래의 규범을 거부하는 방식으로 입고 행동하던 1920년대 젊은 여성을 지칭
**   프로슈머 – Prosumer, 'Producer'와 'Consumer'의 합성어로 제품 개발을 할 때에 소비자가 직·간접적으로 참여하는 방식
***   리뷰슈머 – Reviewsumer, 'Reviewer'와 'Consumer'의 합성어로 제품을 써보고 온라인상에 품평을 올려 다른 사람들의 소비 결정에 큰 영향을 미치는 소비자 집단

기술 혁신에 따른
변화

5G 기술이 상용화됨에 따라, ICT(Internet Communication Technology)의 발전으로 정말 많은 모바일 솔루션이 생활화됐습니다. 특히나 인터넷 쇼핑이 한 손에 쥘 수 있는 휴대폰으로 들어오는 것을 가능하게 만든 모바일 쇼핑 솔루션과 그에 따라 더 간편해진 모바일 결제 솔루션의 발전은 통합적 (Omni) 관점에서 유기적으로 결합한 "손안에서의 소비"를 촉진했습니다. 그뿐만 아니라 IoT(Internet of Things, 사물인터넷)도 급속한 성장을 보입니다. 이제 세탁기가 직접 세제를 주문하고, 냉장고가 우유를 주문하는 시대가 왔습니다.

결제 수단 혁신에 따른
변화

'결제 간소화'는 모바일 쇼핑을 할 때나 IoT에 의한 자동 주문을 위해서 꼭 도입해야만 하는 결제 서비스였으며, 결제 서비스 간소화를 위한 보안 강화도 큰 숙제였습니다. 이 문제에 대한 솔루션으로 핀테크(금융과 IT의 융합을 통한 금융서비스 및 산업의 변화를 통칭)가 눈부신 발전을 거듭해 왔습니다. 가령 1998년 온라인 송금 서비스를 제공하는 회사 컨피니티(Confinity)에서 출발한 '페이팔(Paypal)'은 온라인 결제 시스템의 왕좌로 자리 잡았으며, 오늘날에는 간편 결제 시스템의 대명사가 되었습니다. 국내에서도 '카카오페이'와 '네이버페이', 그리고 서울시의 '제로페이'가 각축을 벌이고 있습니다. 송금에서 결제, 청구서, 멤버십, 인증까지 하나의 서비스로 묶어 결제 수단의 혁신을 가져오고 있습니다.

소비 구조 혁신에 따른
변화

ICT의 발전은 모바일 쇼핑의 증가를 가져왔습니다. 통계청에서 발표한 "2019년 연간 온라인 쇼핑 동향"에 따르면, 온라인 쇼핑 거래액은 134조 5,830억 원으로 전년 대비 18.3% 증가했고, 온라인 쇼핑 거래액 중 모바일 쇼핑 거래액은 86조 7,005억 원으로 25.5% 증가한 것으로 나타납니다. 특히나 모바일 쇼핑의 비중이 62.9%에서 65.6%로 지속적인 성장세를 보입니다. 이러한 통계는 사람들이 점점 "손안에서의 소비"에 익숙해 지고 있는 현실을 반영한 것입니다.

소비 구조의 혁신에는 "공유 경제(Sharing Economy)"도 한몫했습니다. 공유 경제란 제품이나 물건, 부동산 등을 인터넷을 기반으로 함께 소비하는 경제 활동을 말하는 것으로, '에어비앤비', '우버', '카카오택시'와 카풀서비스 등이 대표적인 예입니다.

ICT의 발달은 또한 제공자와 수요자를 연결해 주는 플랫폼 비즈니스를 성장시켰습니다. 특히나 전통적인 생산자와 소비자의 관계가 아닌, SNS를 기반으로 소유자와 대여자를 연결해 공유 오피스, 쉐어 하우스, 카 쉐어링 등이 가능해졌습니다. 글로벌 컨설팅 기업인 PwC는 이렇게 형성된 공유 경제 시장이 2025년 전 세계적으로 3,350억 달러(약 378조 원) 규모로 성장할 것으로 예상하였습니다. 다만 코로나19 국면에 따라, 공유 경제는 갑작스러운 빙하기를 맞고 있습니다. 2020년 2분기 우버의 차량 호출 예약은 전년도와 비교해 75%나 감소하였습니다. 반면, 음식 배달 총 예약 액수는 약 70억 달러로 2배 이상 늘었습니다. 매출액에서 음식 배달이 차량 호출을 제친 것은 2009년 창업 이후 처음 있는 일이었습니다.

소비자 혁신에 따른
변화

시장이 바뀌면 소비자도 바뀌기 마련입니다. 기술 혁신에 따라 쇼핑 솔루션들은 ZEC(Zero Effort Commerce, 무노력 쇼핑)에 주력하고 있습니다. 풀어서 말하자면 제품발견 → 사진 → 검색 → 주문 → 결제 → 배송에 이르는 전 과정에서 소비자가 최소한의 시간과 노력으로 원하는 제품을 한 번에 얻을 수 있는 쇼핑으로 점점 바뀌어 가고 있다는 말입니다. 그렇다 보니 "스마트한 소비자" 역시 증가하고 있습니다.

ZEC, 무노력 쇼핑

| 제품발견 | 사진 | 검색 | 주문 | 결제 | 배송 |

상품을 알아보고 구매하기까지 온·오프라인을 넘나드는 비정형적 구매 패턴을 보이는 스마트 컨슈머들이 여러 가지 이름으로 나타난 것입니다.

'리서슈머(Researsumer)'란 탐색자(Researcher)와 소비자(Consumer)의 합성어로, 자신이 관심 있는 소비 분야를 지속해서 연구하고 탐색하는 '전문가형 소비자'를 일컫는 말로 2012년 처음 등장하였습니다. 이것이 이제는 "리서슈머2.0"으로 업그레이드되어 불리고 있습니다. '셀슈머(Seller Consumer)'도 새롭게 등장한 용어입니다. 파워블로거나 인플루언서처럼 SNS를 통해 자신이 구매해 본 상품을 분석거나 공동 구매를 주선하는 형태의 1인 마켓을 '세포마켓(Cell Market)'이라 부르는데, 이런 소비자(Consumer)이면서 판매자(Seller)가 되는 1인 마켓의 주인을 셀슈머라고 합니다.

'멀티 플레이 크로스 쇼퍼(Multi-Play Cross Shopper)' 역시 지속해서 증가하고 있습니다. 소매 시장이 포화되고 사업자 간 경쟁이 치열해지면서 소비자를 위한 소비 채널 선택의 폭은 온라인과 오프라인을 가리지 않고 넓어지고 있습니다. 그렇다 보니 오프라인 매장에서 제품을 확인해 보고 온라인에서 최저가로 구매하는 '쇼루밍(Showrooming)족'이 나타나는가 하면, 그와 반대로 온라인에서 제품을 꼼꼼하게 파악한 뒤 오프라인 매장에서 구매하는 '역 쇼루밍(Re-Showrooming)족'도 나타났습니다. 여기에 모바일 구매가 늘어나면서, 오프라인 매장에서 제품을 직접 보고, 구매는 모바일로 하는 '모루밍(Morooming)족'이란 말도 생겼습니다.

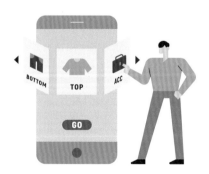

포스트 코로나 시대의 변화

그 누구도 예상 못 했던 코로나 팬데믹에 전 세계가 패닉 상태입니다. 게다가 사태가 예상외로 장기화하여 세계 경제는 마이너스 성장으로 돌아섰습니다. 빌&멜린다 게이츠 재단의 보고서에서는 코로나19 팬데믹으로 전 세계적인 방역 환경이 25년 전으로 돌아갔다고 발표했습니다. 그렇게 우리의 일상은 급변했고, 소비 트렌드도 새로운 변화의 기점에 놓여 있습니다.

사라진 일상

대홍기획에서 2018년, 2019년, 2020년 1분기의 빅데이터를 분석한 결과, SNS상에서 '일상'이라는 키워드의 언급량이 2019년과 비교해 2020년에는 46% 급감한 것으로 나타났습니다. 특히, 인스타그램에서 '일상스타그램', '일상그램' 등의 해시태그가 가장 큰 폭으로 감소(-52%)한 것으로 나타났습니다. 일상을 공유하는 인스타그램에서 일상이 사라진 겁니다.

인스타그램 마케팅 컨설팅 회사인 미디언스가 제공하는 해시태그랩(LAB)은 최근 가장 인기 있는 해시태그가 무엇인지 알려주고, 트랜드 지수를 분석해 공개하는 서비스입니다. 1보다 작으면 감소 추세인 것으로, 1보다 크면 증가 추세의 해시태그임을 나타냅니다. 2020년 10월 현재, '일상스타그램'은 0.92, '일상그램'은 0.97로 나타나 감소 추세를 이어가고 있습니다. 하지만 "일상"은 1.27로 다시 증가하고 있어, 일상의 회복을 염원하고 있음을 드러내고 있습니다. 이런 기조는 네이버에서 제공하는 데이터랩에서도 발견됩니다. 코로나19 팬데믹 이후 '일상'이란 키워드 검색이 예년보다 1.5배 정도 증가했습니다. '일상'이란 키워드 검색량은 확진자 수가 줄어들면서 점차 줄어들었다가, 8월 확진자 수가 다시 늘어나면서 같이 늘어났습니다.

여행의 실종 : #이시국에죄송합니다

지난 8월 말 코로나19 감염자가 폭발적으로 늘어나던 시기, 인스타그램에 여행 인증사진을 올리면서 달았던 해시태그였습니다. 수많은 인터넷 언론들이 거품을 물고 비판하면서, 사회적 공분을 사기도 했습니다. 지난 몇 달 전의 상황이 아닙니다. 코로나19가 장기화하면서, 여전히 여행이나 야외활동은 환영받지 못하는 취미입니다.

리서치 전문 업체 한국갤럽에서는 2004년과 2014년에 이어 2019년에도 "한국인이 좋아하는 40가지"을 발표하였습니다. 조사에 따르면 한국인이 좋아하는 취미는 등산, 낚시, 산책, 여행과 같은 야외 활동이 압도적으로 많았습니다. 하지만 코로나19 팬데믹으로 인해 공항은 폐쇄되고, 사회적 거리두기를 위해 야외 활동은 자제해야만 하는 상황입니다. 우리의 일상에서 여행이 점점 사라지게 됐습니다.

대홍기획의 빅데이터 분석에서도, '일상' 연관어로서 '여행' 언급량은 2019년 1분기 대비 2020년 1분기 51.9% 감소한 것으로 나타났습니다. 거기에 항공/호텔 서치앱 등 여행 관련 앱들의 신규 다운로드 횟수도 1월 말 최초 확진자 발생 시점부터 뚝 떨어지고 있는 것으로 나타났습니다. 여행과 관련해 가장 많이 쓰는 해시태그인 "#여행스타그램"의 경우, 2019년 6월 50만 개의 피드가 생성됐지만, 2020년 6월에는 겨우 15만 개에 그쳤습니다. 네이버의 데이터랩에서 역시 "여행"이란 키워드의 검색이 절반 수준으로 떨어진 것으로 나타났습니다.

이러한 상황에서 가장 많은 타격을 받은 업종이 바로 항공업입니다. 급감한 여행객을 대신해 항공 화물로 대체하여 매출을 발생시킬 정도이니까요. 더불어 근래에는 '관광 비행'이라는 상품을 개발하여 새로운 트렌드를 선보였습니다. 관광 비행이란 착륙 없이 국내 상공을 비행하고 돌아오는 이색 여행 상품입니다. 이는 코로나19로 해외여행이 어려워지면서 '여행가는 기분이라도 내고 싶은' 사람들로부터 좋은 반응을 얻고 있습니다. 한국관광공사가 대만 여행사 이지플라이, 대만 항공사 타이거에어와 손잡고 출시한 '제주 가상출국 여행 얼리버드 프로모션' 상품은 2020년 9월 11일 정오에 판매를 시작해 불과 4분 만에 완판될 정도로 인기를 끌었습니다.

[일상] 연관어 '여행' 언급량 비교 (1~3월)   ▼

source : 대홍기획 소셜빅데이터분석솔루션 디빅스2.0
단위 : 건 수

2019년 1분기   1,059,114

2020년 1분기   509,938

사지(Buying) 않고
사는(Living) 삶

세계적인 온라인 광고 회사인 크리테오(Criteo)는 맥킨지(McKinsey&Company)의 보고서를 인용하면서, 전 세계 소비자의 3분의 2는 코로나19 국면의 장기적 영향을 비관해 소비를 줄이고 있으며, 긍정적인 전망을 유지하고 있는 사람들조차 지출을 줄일 예정이라고 전했습니다. 이에 따라 럭셔리 제품에 대한 소비를 자제하고, 비필수품의 구매도 줄어들 것으로 전망했습니다. 통계청에서 매월 발표하는 2020년 8월 산업활동 동향에 따르면, 백화점 소비는 작년 대비 −7%로 감소했고, 면세점은 −33.9%로 감소한 것으로 나타났습니다.

온라인 쇼핑 업계는 호황과 불황을 동시에 겪고 있습니다. 고기, 채소, 과일 등 신선식품과 가정간편식(HMR), 우유, 과자 등 가공식품이 주력 상품이었던 쓱닷컴(SSG.com)이나 마켓컬리, 쿠팡 등의 매출은 상승한 데 반해, 식품을 주력으로 하지 않았던 11번가나, 여행 관련 상품이 주력 상품인 인터파크, 위메프, 티몬은 매출이 하락하였습니다. 홈쇼핑도 마찬가지입니다. 먹거리가 주력 상품이었던 NS홈쇼핑 혼자만 성장했고, 패션과 뷰티가 주력 상품이었던 다른 홈쇼핑들은 10~16% 정도 영업이익이 감소했습니다.

오늘은 또
뭘 먹나?

직장인들의 가장 큰 고민 두 가지는 "오늘 뭐 입지?"와 "오늘 점심은 또 뭘 먹나?"가 아닐까 싶습니다. 직장인뿐만 아니라, 누구나 매 끼니를 무엇으로 때울지는 늘 고민스럽습니다. 먹기 위해 사는 건 아니지만, 그저 살기 위해 먹기만 할 순 없으니까요. 오죽했으면 동아일보에서는 〈오늘 뭐 먹지〉란 제목의 칼럼을 매주 기고받았겠으며, 그 칼럼들을 모아 책까지 냈겠습니까?

사회적 거리두기와 재택근무, 개학 연기 등의 영향으로 많은 사람의 '집콕' 생활이 길어졌습니다. 그렇다 보니, 밖에서 사 먹기 보다는 집에서 끼니를 해결해야 해서 번거로워졌습니다. "뭘 입지?"란 고민은 털어냈지만, "뭘 먹지?"라는 고민은 절대 털어버릴 수 없는 거죠. 대홍기획의 빅데이터 분석에 따르면, 2019년 같은 기간에 비해 '밥', '밥상' 연관어의 언급량과 순위, 비중이 비교적 크게 상승했다고 합니다. 그뿐만 아니라, 2019년에는 '일상' 연관어로 나타나지 않았던 '오늘 뭐 먹지', '삼시세끼' 등이 새롭게 등장했다고 지적합니다.

홈트
전성시대

코로나19 국면으로 인해 바깥에서 조깅을 한다던가, 헬스장에서 운동하기 힘들어졌습니다. 그렇다 보니 집에서 홀로 운동하는 '홈트족*'이 늘어났습니다. 네이버 데이터랩을 통해 홈트레이닝 검색 빈도가 2020년 3월과 8월에 폭발적으로 증가한 것을 확인할 수 있었습니다. 그렇다 보니 애슬레저룩 시장이 특수를 맞았습니다. '애슬레틱(Athletic)'과 '레저(Leisure)'의 합성어인 애슬레저룩은 운동복과 일상복을 겸할 수 있는 편하고 스타일리시한 옷을 말합니다. 한국 패션 산업 연구원에 따르면, 2009년 5,000억 원에 불과했던 국내 애슬레저 시장은 2016년 1조 5,000억 원으로 성장했으며, 2020년에는 3조 원에 이를 것으로 전망했습니다. 패션 시장이 죽을 쑤는 동안, 홈트족 덕에 홀로 성장을 이룩할 수 있었던 겁니다.

---

* 홈트족 – 집을 의미하는 영어 단어인 '홈(Home)'과 운동을 의미하는 '트레이닝(Training)'을 합성한 신조어로, 집에서 운동하는 사람을 가리킨다

03.
포스트 코로나
트렌드 전망

There is the world B.C. — Before Corona —
and the world A.C. — After Corona.
(세계는 코로나 이전과 코로나 이후로 나뉠 것이다.)

Thomas L. Friedman(The New York Times opinion columnist)

2020년 3월 17일 《뉴욕 타임스(The New York Times)》에 기고된 칼럼니스트 토머스 프리드먼의 글은 이렇게 시작했습니다.

"코로나 위기가 엄습하기 전, 21세기 정당에 관한 책을 재미 삼아 쓰고 있었다. 하지만 전 세계적 유행에 직면했을 땐, 어떤 책을 쓰고 있건 상관없이 당장 때려치우는 게 당연하다 여겨졌다."

그리고 그는 선언하듯 말했습니다.

"코로나 이전 세계(World B.C.)와 코로나 이후 세계(World A.C.)가 존재한다."

많은 사람이 이 말에 동의하고 있으며, 더불어 산업 생태계 및 트렌드도 변화했습니다. 그렇다면 마케팅적 측면에서 코로나 시대 이후 향후 지속될 변화의 방향은 무엇일까요? 다음의 여섯 가지 포스트 코로나 트렌트를 살펴보면 알 수 있습니다.

"집밥"의 재조명
: 가정간편식(HMR)

가정간편식으로 번역되고 있는 HMR(Home Meal Replacement)은 2020년 코로나19 국면이 심화되면서, '간편한 식사'를 넘어 '제대로 된 식사'로 진화하고 있습니다.

미국에서 이 용어가 처음 등장한 건 1990년대 초반이었지만, 대중화되기 시작한 것은 1990년대 말이었습니다. 마케팅 용어로써 널리 쓰이고 있는 HMR은 최근 국민의 식생활 변화에 따라 다시 부상하기 시작한 개념으로, 별도의 조리 과정 없이 그대로 또는 단순 조리 과정을 거쳐 섭취할 수 있도록 제조, 가공, 포장한 완전, 반조리 형태의 제품을 의미합니다. 식품의약품안전처에서 식품의 위생 및 안전기준을 제시하기 위해 제공하는 식품 공전에서 HMR은 즉석섭취, 편의식품류에 속합니다. 즉석섭취, 편의식품류는 3개의 식품 유형으로 구분되며, 최근에는 밀키트(Meal Kit)가 추가되어 4개로 구분됩니다.

즉석섭취식품	가열, 조리 과정 없이 그대로 섭취할 수 있는 도시락, 김밥, 햄버거, 선식 등의 식품
신선편의식품	그대로 섭취할 수 있는 샐러드, 새싹채소 등의 식품
즉석조리식품 (Retort, 레토르트)	단순 가열 등의 가열 조리 과정을 거치면 섭취할 수 있도록 제조된 국, 탕, 수프, 순대 등의 식품
간편조리세트 (Meal kit, 밀키트)	조리되지 않은 손질된 농·축·수산물과 가공식품 등 조리에 필요한 정량의 식자재와 양념 및 조리법으로 구성되어, 제공되는 조리법에 따라 소비자가 가정에서 간편하게 조리하여 섭취할 수 있도록 제조한 제품

농림축산식품부와 한국농수산식품유통공사가 발간한 "2019 가공식품 세분시장 현황 간편식 시장" 보고서에 따르면, 2016년에 비해 가정간편식 시장이 63%나 커졌으며, 2022년에는 시장 규모가 약 5조 원에 이를 것으로 전망하였습니다.

이와 같은 성장세에는 크게 세 가지 영향을 꼽고 있습니다.

- 첫째, 1인 가구의 지속적인 성장입니다. 2019년 통계에 따르면, 우리나라 1인 가구 수는 599만 가구로, 전체 가구의 29.8%에 달하는 것으로 나타났습니다.
- 둘째, 코로나19 국면에 따른 "집콕"의 증가로 집에서 해 먹어야 하는 끼니가 늘었다는 점입니다. 이는 가사노동의 부담을 높였고, 이를 극복하기 위해 레토르트식품을 넘어 밀키트와 같은 가정간편식에 대한 수요가 늘어났습니다.
- 셋째, 세 번째 이유는 두 번째 이유와도 맞닿아 있는데, 바로 외식 감소에 따른 외식업계와 식품회사 간의 콜라보레이션 증가입니다. 기존의 가정간편식이 집밥을 대체했다면, 최근에는 호텔/레스토랑 메뉴를 제품화하면서 고급화 전략도 병행하고 있습니다.

"집콕" 시대
: 집의 다기능화

과거 집은 일, 여가와 분리된 휴식의 공간이었지만, 이제 재택근무의 증가에 따른 업무 공간이면서, 홈트레이닝이나 홈시네마, 홈카페, 홈바와 같은 여가의 공간으로까지 확장되고 있습니다.

이런 변화는 집의 인테리어를 바꾸기 위한 가구 수요 증가로까지 이어졌습니다. 통계청에 따르면, 2020년 상반기 국내 온라인몰의 가구 거래액은 2조 3,058억 원으로, 작년 같은 기간보다 36.3% 증가한 것으로 집계됐습니다. 코로나19 확산이 본격화된 2월 증가율이 35.0%로 뛰어오른 뒤 꾸준히 40%를 웃돌고 있는 겁니다. 또한, 전통적으로 가구 업계의 비수기로 꼽히는 7, 8월이 사회적 거리두기 강화와 "집콕" 트렌드의 강화로 올해는 호황을 누렸습니다.

영화관이나 TV가 있는 방에서 구현되었던 미디어 서비스와 콘텐츠는 특히나 빠른 변화가 찾아왔습니다. 2020년 1월부터 9월까지 영화관 관객 수는 총 4천 800만 명으로, 2019년 1억 7천만 명과 비교해 70% 이상 줄었습니다. 이런 변화 속에서 넷플릭스를 비롯해 웨이브, 티빙, 시즌, 왓챠, 카카오TV 등과 같은 플랫폼에서는 OTT(Over the Top, 인터넷을 통해 볼 수 있는 TV) 서비스 선점 경쟁이 치열합니다. 2020년 9월 SK텔레콤의 조사 결과에 따르면, TV 대신 OTT를 찾는 비율은 15~24세 62.5%, 25~34세 56.6%, 35~54세 42.6%로 나타났습니다. 극장 대신 집에서 영화를 보는 시대가 된 겁니다.

"로봇"의
시대

　　　　　　　코로나19 바이러스는 로봇의 약진을 불러일으켰습니다. 코로나 감염이 심각했던 지난 2020년 4월, 중국 병원에서는 원격 의료와 소독 등 환자 치료, 약품·식품 배달과 오염물 처리와 같은 물류, 자가 격리자에 대한 모니터링에 로봇을 활용했습니다. e-커머스 기업에서는 배송을 위해 자율주행형 무인 차량을 이용하였으며, 호텔에서는 감염 우려로 격리된 객실에 식사를 보내기 위해 배달 로봇을 활용했습니다. 배달의 민족으로 유명한 우아한 형제들이라는 기업에서는 서빙 로봇 '딜리플레이트' 104대를 전국 77개의 매장에서 운영하고 있습니다. 여기에 코로나 검체 채취를 위한 로봇이 개발되기도 했습니다. 이 로봇은 사람의 얼굴 구조와 콧구멍의 위치를 알아서 파악해, 면봉을 코에 삽입해 검체를 채취하는데, 의료진의 감염 위험과 업무 부담도 줄어들 것으로 기대됩니다.

　2020년 정부는 로봇 산업을 활성화하기 위해 대규모 실증 사업을 추진하고, 관련 규제를 개선하는 등 적극적인 정책을 펼치기로 했습니다. 산업자원부는 코로나19 이후 비대면 경제를 견인하는 마중물로써 로봇 역할이 중요해지고 있다면서, 다양한 분야에서 로봇 활용이 활성화될 수 있도록 개발 및 규제 혁파, 금융 등의 지원을 아끼지 않겠다는 입장입니다.

언택트를 넘어선 "온택트" 시대
: Untact to Ontact

코로나19 국면은 '언택트(Untact)'란 말을 일상 용어로 만들었습니다. 언택트란 '접촉하다'라는 뜻의 'Contact'에 부정의 뜻인 접두사 'Un'을 합친 말입니다. 언택트의 대표적인 예로는 키오스크(Kiosk, 온라인 가판대)나 셀프계산대 등이 있습니다.

여기에서 한발 더 나아간 개념이 '온택트(Ontact)'입니다. 언택트에 '온라인을 통한 연결(On)'을 접목한 개념으로, 온라인을 통해 소통하는 방식을 온택트라고 합니다. 온택트 역시 우리 일상생활에 깊이 파고들었습니다. 학교 수업은 온라인 강의로 대체하고, 기업들은 재택근무에 줌(Zoom)과 같은 화상회의 서비스를 이용하고 있습니다. "홈트레이닝계 넷플릭스"라고 불리는 펠로톤(Peloton)에서는 운동 코칭 콘텐츠를 제공하고 있습니다. 실시간 스트리밍 운동 코칭 영상뿐만 아니라, 수강생들의 운동 데이터를 확인하면서 맞춤 서비스까지 제공합니다. 봉준호 감독과 함께 K-문화의 양대 산맥을 이루고 있는 BTS 역시 온택트의 신기원을 세웠습니다. 온라인 콘서트 '방방콘(방에서 즐기는 방탄소년단 콘서트)'은 전 세계 220만 명 이상의 팬들을 끌어모았습니다. 대표적인 대면 서비스인 자동차 업계에서는 기아자동차가 4세대 쏘렌토 출시를 유튜브를 통해 소개했으며, 국립중앙박물관은 온라인 전시관 콘텐츠를 선보여 인스타그램을 통해 홍보하였습니다.

"코로나 블루"의
시대

팬데믹 현상의 장기화는 "코로나 블루(Corona Blue, 코로나 확산으로 생긴 우울감이나 무기력증)"라는 신조어까지 탄생시켰습니다. 산후우울증(Postpartum Blue)에서 착안한 이 단어는 우울증과 같은 병명은 아닙니다만, 코로나로 고통을 겪고 있는 전 세계인들의 심리를 반영한 용어라고 볼 수 있습니다.

2020년 4월 한국 스트레스 트라우마 학회에서 진행한 온라인 설문조사에서, 코로나19로 설문 대상자의 20% 정도가 임상적 관심이 필요한 수준의 불안을 느끼는 것으로 나타났습니다. 겪어 본 적 없는 미지의 질병에 대한 막연한 두려움에서 시작해, 자신과 가족에게 감염되는 건 아닐까 하는 불안감이, 연일 계속되는 부정적인 뉴스에 의해 증폭되면서 우울감이 심화된 것입니다. 여기에 사회적 거리두기와 격리로 인한 경제적 피해까지 발생하면서 상황은 악화하였습니다.

그렇다 보니 "심리방역('코로나로 인한 심리적 문제를 미리 예방하자.'라는 의미의 단어)"이란 말까지 생기면서, 멘탈 케어에 대한 관심이 높아졌습니다. 이에 따라 앱을 활용해 스트레스를 완화하기 위한 명상 콘텐츠를 제공하거나, 불면증 해소를 위한 오디오 가이드와 수면 사운드 제공, 일상생활 스트레스와 수면 상태 체크 등 비교적 간단한 서비스가 늘어나고 있습니다. 여기에 VR 훈련 콘텐츠를 통해 스트레스를 조기 감지하고, 해소할 수 있는 서비스도 나오고 있습니다. 무엇보다 멘탈 케어는 비대면 원격 상담이 가능한 몇 안 되는 영역인지라, 익명 커뮤니티를 기반으로 전문가와의 원격 상담을 매칭시켜 주는 서비스도 제공되고 있습니다.

04.
2021년
창업 트렌드 전망

　　2014년 2월 초판이 발행된 이원석의 저서, 《공부란 무엇인가》에 수록되었던 '한국 학생들의 진로'라는 제목의 표가 인터넷에 회자되면서 지금까지도 많은 공감을 얻고 있습니다. 이미 6년이나 세월이 지났는데도 불구하고 이 표가 보여주는 의미가 크게 세 가지 범주에서 변하지 않았기 때문입니다.

- 첫째, 청년들의 **취업이 점점 더 어려워져서**, 처음부터 소규모 자영업 창업을 강요받고 있습니다.
- 둘째, **회사 생활을 끝내는 나이대가 점점 낮아지고**, 소규모 자영업을 강요받고 있습니다.
- 셋째, 자영업이 과도하게 **음식점으로, 특히나 프랜차이즈로** 몰리고 있습니다.

우리나라는 1인당 국내총생산(GDP) 30,000달러 시대에 돌입했고, 4차 산업 혁명 시대에 소비자 심리 지수도 회복하는 추세였습니다. OECD 국가 중에서도 단연 높은 경제 성장률을 보이며 2018년 이후 "Great Recession(대침체)"의 재림(再臨)이라 불리는 시대에도 계속해서 희망을 품을 수 있었습니다. "대봉쇄(Great Lockdown)"라 불리는 코로나19 팬데믹 국면이 벌어지기 전까지는 말입니다.

코로나19 국면이 아니어도, 창업 전망이 마냥 밝은 것만은 아닙니다. 인구 절벽으로 인한 소비 심리 위축, 최저 임금 인상 이슈와 엄격해지는 근로 조건, 업종 간 과다 경쟁, 소비자 세대교체에 따른 라이프 스타일 변화, 편의점의 상품 확장과 업종 간 경계 파괴 등으로 무얼 해도 쉽지 않은 상황이 계속되고 있습니다. 그런데도 일자리 부족과 정년 없는 개인 사업에 대한 동경으로 새로운 기회를 모색하고자 창업 열기는 식지 않고 있습니다. 2018년 창업 기업 수는 134만 개소로 사상 최대를 기록했으며, 2019년도에는 128만 개소로 소폭 감소했습니다. 앞으로도 창업 열기는 지속될 전망입니다. 다음은 2018년과 2019년 그리고 2020년의 창업 트렌드 변화를 표로 정리한 내용입니다. 변화는 하루아침에 갑자기 일어나는 게 아니라, 그저 얼음이 녹아 물이 되듯이 임계점을 넘어서게 되면 눈에 잘 띄게 되는 것일 뿐입니다. 그렇다 보니 최근의 트렌드들이 서로 비슷하면서도 또 다른 모습으로 진화하고 있습니다.

2018~2019 창업 트렌드	2020 창업 트렌드
언택트(비대면서비스)	DMH 사업의 확장
뉴트로	뉴트로와 미니멀리즘
외식업을 위협하는 HMR(Home Meal Replacement)	솔로 이코노미
배달 대행	언택트 소비문화 확산
SNS상의 경험 공유	SNS, 동영상, 리얼리티
인스타그래머블(인스타에 올릴만한)	
솔로 이코노미	

2021년 창업 트렌드 전망 역시 2020년에서 크게 벗어나지는 않습니다. 다만 포스트 코로나 시대에 따라 더 가속화할 것으로 예정되는 부분이 있는 반면, 코로나19 바이러스와는 무관하게 변화할 것으로 보이는 트렌드도 존재합니다. 이제 하나씩 좀 더 깊게 살펴보도록 하겠습니다.

뉴트로와
미니멀리즘

'새로움(New)'과 '복고(Retro)'의 합성어인 '뉴트로(New-tro)'는 복고를 새롭게 즐기는 경향을 말합니다. 레트로 트렌드는 언제나 존재해 왔습니다. tvN의 드라마 〈응답하라 1997〉부터 시작해, 〈응답하라 1994〉와 〈응답하라 1988〉 시리즈가 성공할 수 있었던 것은 확실히 레트로 트렌드에 부합하기 때문입니다. 화양연화(花樣年華, 꽃같은 나이)를 보낸 그 시절에 대한 덧칠된 추억들은 레트로 트렌드를 소비하게 합니다. 여기에 80년대 교복 자율화 이전에나 입던 가쿠란(学ラン)형 교복이 함께 소비되는 것 역시 레트로 트렌드의 연장이라고 볼 수 있습니다. 하지만 뉴트로는 좀 다릅니다. 레트로는 엄마 아빠 옷장 속에서 20년 전, 30년 전 옷을 그대로 꺼내서 입는 거라면, 뉴트로는 그 옷장 속의 아이템들을 디자인 베이스로 하여 새로 옷을 지어 입는 걸 말합니다. 감성은 살리되, 내용은 철저히 현대적인 겁니다. 껍데기만 두고 알맹이는 새 걸로 싹 갈아치우는 것이 바로 뉴트로입니다.

일본 젊은이들 사이에서 나타나고 있는 '쇼와 레트로(昭和レトロ, 1960~70년대 버블경제 직전에 대한 뉴트로 트렌드)' 역시 같은 맥락이라고 볼 수 있습니다. 쉽게 표현하자면 이런 예가 가능할 것 같습니다. 서울 종로구의 가회동이나 삼청동, 청운효자동, 익선동에 있던 도시 한옥들을 껍데기만 남기고 완전히 뜯어고쳐서, 카페나 파티세리, 게스트하우스로 바꾸는 것이 뉴트로가 되겠습니다. 또는 60년대나 70년대 지어진 효자동 주택이나 을지로 상가에 철제빔으로 내력 구조를 보강하고, 삭은 목재는 새로운 목재로 교체한 뒤, 말끔하게 벽 미장까지 바꾸는 것도 뉴트로가 되겠습니다. 80년대 후반이나 90년대 초반에 유행했던 음악들이 80년대 일본 시티팝(City Pop)의 이름으로 리메이크되거나, 유재석과 이효리 등의 〈싹쓰리〉 같은 프로젝트 그룹으로 생산된 음악들 역시 뉴트로라고 할 수 있습니다. 이런 뉴트로 트렌드는 상품

에도 적용되기 시작했습니다. 음료와 주류 시장에도 영향을 끼쳤을 뿐만 아니라 프랜차이즈 사업에도 뉴트로 마케팅이 적용 중에 있습니다.

같은 맥락에서 미니멀리즘 트렌드 역시 이어지고 있습니다. 1960년대에서 70년대 유행했던 디자인 사조인 미니멀리즘은 20세기와 모던함을 대표합니다. 선구자라 할 수 있는 루트비히 미스 반데어로에(Ludwig Mies Van Der Rohe)의 한마디 "Less is More(적어질수록 더 좋아진다.)."에 그 정신이 완전히 축약됩니다. 20세기 디자인의 중요한 시초라 할 수 있는 독일의 바우하우스(Bauhaus)에서 잉태된 미니멀리즘은 2차 대전 이후 미국을 중심으로 무르익습니다. 건축계에서는 반데어로에, 산업디자인에서는 디터 람스(Dieter Rams), 미술에서는 프랭크 스텔라가 두각을 나타냈습니다. 이들의 사조는 21세기에도 여전히 이어지고 있어 우리 사회 곳곳에서 마주칠 수 있습니다. 여기에 《킨포크》에서 시작된 '킨포크 라이프*'도 한몫 더 해주고 있습니다. 미국 오리건주 포틀랜드에서 2011년부터 발행하고 있는 계간지 《킨포크》에서 시작된 이 트렌드는 미니멀리즘의 정수를 보여줍니다. 오죽했으면 잡지 이름을 따서 라이프 트렌드까지 생겼겠습니까? 국내에서도 라이센스 잡지가 한국어판으로 발행될 정도입니다.

---

* 킨포크 라이프 – Kinfolk Life, 미국 포틀랜드의 라이프스타일 잡지인 《킨포크》로부터 영향을 받아, 자연 친화적이고 건강한 생활양식을 추구하는 사회현상

솔로 이코노미
: Solo Economy

1인 가구는 이미 대한민국의 큰 트렌드로 자리 잡은 지 오래됐습니다. 자녀 세대와 따로 사는 베이비붐 세대 노령인구는 계속 증가하고 있습니다. 거기에 "하나만 낳아 잘 기르자."라던 인구 캠페인으로 1980년대와 90년대에 남초 현상이 벌어졌고, 그때 태어난 인구의 남녀성비는 1.2:1이 됐습니다. 결혼 못 하고 혼자 살아야 하는 남자가 인구 구조 자체에서부터 발생한 것입니다. 가치관의 변화로 비혼주의 여성까지 늘어나고 있어 자연스레 혼자 살아야만 하는 남성과 여성의 수는 더 늘 수밖에 없습니다.

상황이 이렇다 보니 다양한 연령대의 솔로 이코노미를 공략하려는 시도가 이루어지고 있습니다. 우선 식품업계가 반찬 전문점에서 도시락까지 모든 HMR 시장을 아우르며 1인 가구를 공략하고 있습니다. 동원홈푸드에서 운영하는 '더반찬'이나 현대그린푸드의 '그리팅몰', 행복도시락 사회적 협동조합의 '행복도시락' 등이 온라인으로 활동하고 있습니다. 이들은 오프라인으로도 PB 반찬을 내놓고 있습니다.

여행 역시 '혼행'이 늘어나고 있습니다. 여행사에는 혼자 여행하는 사람들을 위한 패키지 상품을 마련하고 있으며, 심지어는 영국에서는 혼행족을 위한 패키지 여행사가 만들어졌습니다.

DMH 부문의
확장

　　골목 장사에 영향을 미치는 가장 큰 화두는 일명 DMH이라 불리는 배달(Delivery), 밀키트(Meal kit), 가정간편식(HMR) 부문의 발달과 확장일 것입니다. 앞서 언급해 드렸듯이, 밀키트와 가정간편식 시장은 종류도 다양해지고 품질도 좋아지고 있습니다. 최근에는 유명 맛집은 물론이고, 유명 셰프와의 협업은 기본이며, 심지어는 호텔들도 HMR 사업자들과 협업하고 있습니다. HMR 사업을 해 왔던 식품회사들은 다들 온라인 유통 채널을 가지고 있는 데다가, 새벽 배송을 경쟁하고 있는 쿠팡과 마켓컬리, 쓱닷컴까지 가세하면서 빠르게 성장하고 있습니다. 게다가 코로나19 국면으로 인해, 사람들의 소비 패러다임이 "내 집 주위"로 바뀌고 있다는 점도 지역 소상공인에게는 도전하기 좋은 기회가 되고 있습니다.

🔍 2020년 1분기 주요 채널별 매출 증감률 ▼

대형마트	백화점	편의점	슈퍼마켓
-5.8	-19.9	3.4	2.1

단위 : %

source : 산업통상자원부

언택트 소비문화
확산

"언택트(Untact)" 관련 소비문화는 국내외 불문하고 가속화하고 있습니다. 2020년 3월 미국의 모바일 시장 조사 회사 앱토피아에 따르면, 주요 장보기 앱인 '인스타 카트'와 '월마트 그로서리'는 3월 다운로드 횟수가 2월보다 각각 218%, 160% 늘었습니다. 앞장에서도 말씀드렸듯이, 우버이츠는 우버 택시의 매출을 넘겨버렸습니다. 패션과 가전 등 오프라인 매장 매출은 급감했지만, 온라인 매출은 늘어났습니다. 최저임금 인상 등으로 인건비 절감을 위해 늘어나기 시작한 키오스크는 사회적 거리두기를 위해 비대면 서비스의 대명사로 자리 잡기 시작했습니다. 배달앱도 늘어나고 있습니다. 배달의 민족, 요기요, 배달통 등 배달앱 삼총사에 공공 배달앱도 하나둘 경쟁에 참여하고 있습니다.

지금까지 2018~2020년까지의 창업 트렌드와 2021년 창업 트렌드 전망을 살펴보았습니다. 우리는 이 중에서 가장 핫한 트렌드는 "언택트"라고 생각합니다. 온라인을 넘어 모바일 쇼핑 시대로 소비 패러다임은 바뀌었고, 그래서 점점 늘어나던 비대면 쇼핑이 코로나19 팬데믹으로 아주 빠르게 정착하고 있기 때문입니다.

다음 절에서 언택트 마케팅에 대해 좀 더 자세히 파고들어 보겠습니다.

언택트 소비문화의 핵심, 배달앱

언택트 서비스의 이해

　　'언택트(Untact) 서비스'란 사람과 사람이 직접 만나지 않고 이루어지는 서비스를 말하는 것으로, 접촉(Contact)의 반대 의미를 가진 신조어입니다. 요컨대 비대면 서비스라고도 하죠. 2010년대 초반부터 '비대면 서비스'라는 말이 금융계를 중심으로 사용되기 시작했지만, '언택트'란 신조어는 2017년 서울대 소비자학과에서 펴낸《트렌드코리아 2018》에 처음으로 등장하였으며, 이후로 조금씩 영향력을 넓혀 왔습니다.

　　소비자들은 언택트 서비스를 이용하는 이유로 "편함"을 꼽습니다. 2019년 현대카드가 마케팅 여론조사 업체 입소스 코리아에 의뢰해 진행한 설문 조사 결과, 응답자의 68.7%가 언택트 서비스를 선택한 이유로 '대기 시간 감소', '편리한 결제', '시간과 장소에 구애받지 않고 가능한 주문'에 있다고 답했습니다. 기존 언택트 서비스의 성장 요인으로 꼽혀온 '직원 및 판매원과의 접촉에 대한 부담' 때문이라는 응답도 10.7%를 차지했습니다.

최근에는 코로나19의 영향으로 외출도 삼가고, 모르는 사람과의 접촉을 최대한 피하려는 경향을 보입니다. 이에 따라 기업에서는 고객들이 편하게 필요한 정보를 얻거나 직원과의 대면을 최대한 피하면서 편하게 쇼핑할 수 있도록, 언택트 마케팅에 집중하는 추세입니다. 이런 언택트 서비스는 크게 네 가지 형태로 이루어지고 있습니다.

키오스크 등 이용
비대면 주문과 결제

VR을 이용
비대면 상품 경험

인공지능 챗봇 이용
안내 서비스

배달앱 등,
온라인 플랫폼 서비스

이번 절에서는 언택트 서비스를 활용한 마케팅 방법 중에서 접근성이 가장 높은 온라인 플랫폼인 "배달앱"을 중점적으로 살펴볼까 합니다.

온라인 플랫폼,
"배달앱 서비스"의 활용

온라인 플랫폼 서비스는 상당히 다양합니다. '플랫폼'이란 기차나 지하철을 타고 내리는 정거장을 의미합니다. 온라인 플랫폼 비즈니스도 마찬가지입니다. 시장과 같은 물리적 공간에서 거래되기 힘든 재화와 서비스를 거래하기 위해, 공급자와 수요자가 만날 수 있도록 온라인상에서 자리를 마련하는 것이 바로 온라인 플랫폼 서비스입니다.

가장 쉬운 예로는 옥션과 지마켓, 네이버 스마트 스토어와 같은 온라인 오픈마켓, 쿠팡이나 마켓컬리, 쓱닷컴 같은 전자상거래 업체, 네이버 예약이나 카카오 예약과 같은 예약 서비스, 배달의 민족이나 요기요, 위메프오와 같은 배달앱 등이 우리에게 친숙한 플랫폼 비즈니스라고 할 수 있습니다. 여기에 서울 공공 배달앱, '제로 배달 유니언'에 참여하는 군소업체들까지 고려하면 이제 온라인 플랫폼이 곧 우리의 일상이라 해도 과언이 아닙니다. 꽃 배달이나 퀵서비스 그리고 대리운전과 같이 전통적으로 전화를 매개로 했던 서비스들조차도 온라인 영역으로 들어오고 있습니다. 배달앱 선두 주자들이 자사 배달 서비스를 갖추기 이전에는 주로 배달 대행 서비스를 이용했었다는 점도 주목해야 할 사실입니다. 최근에는 이들 배달 대행 서비스와 연계해서 매출을 올리고 있는 편의점들이 늘어나고 있습니다. 그렇다 보니 소상공인 여러분이 쉽게 다가갈 수 있는 플랫폼은 아무래도 배달앱이 아닌가 싶습니다. 서비스만을 제공하는 소상공인이 아니시라면, 가끔 배달 문의가 들어오는 경험을 해 보셨을 겁니다. 지금까지 매장 영업만을 고수해 왔던 사업장에서는 테이크아웃이나 배달 또는 밀키트 판매에 대해 진지하게 고민해 봐야 할 때가 온 겁니다.

테이크아웃이나 배달을 위한 포장과 배달 비용 때문에 매출에 비해 크게 수익이 나지 않을 거란 고민을 하는 경우가 많습니다. 그런데, 그렇지만도 않습니다. 일정한 매출 규모를 유지하면 운영 비용을 낮출 수 있으므로 수익은 개선되고, 기대 이상으로 성장할 수 있습니다. 예를 들어, 뉴트로 감성을 살린 패키징으로 솔로 이코노미도 공략할 수 있는 테이크아웃 또는 배달 상품을 개발한다면, 대기업이 규모의 경제 (Economy Of Scale, 덩치가 커질수록 평균 비용이 줄어든다는 뜻)로 잠식해 들어오는 DMH 시장을 조금은 지켜낼 수 있지 않을까 싶습니다.

그러므로 자체적으로 배달 시스템을 구축하기보다는 배달앱과 같은 온라인 플랫폼 서비스를 활용하는 것이 좋습니다. 배달앱과 같은 플랫폼은 단순히 배달 인력을 대체해 준다는 것만으로 끝나지 않습니다. 플랫폼 업체에 비용을 지불하게 되는 만큼, 예상하지 못했던 여러 가지 이점들이 따라옵니다.

- 언택트(Untact) 마케팅에 딱 맞는 서비스

전화나 앱을 통해 대면 없이 제품을 주문하는 '배달앱'은 요즘 트렌드에 딱 맞아떨어집니다. 초반에만 해도 젊은 층의 고객들이 주로 선호했지만, 이제는 40대 이상에서도 폭발적으로 이용이 증가하고 있습니다. 앱을 통해 미리 결제하면, 코로나19 국면으로 강조되고 있는 거리두기까지 자연스럽게 해결되기 때문입니다. 비대면 주문, 비대면 결제, 비대면 배송까지 삼박자가 완벽하게 갖춰집니다.

이와 같은 트렌드를 파악하지 못하고, 고객과 눈을 마주치고 최대한 친절하게 하는 것이 최고의 서비스라는 생각을 고집하신다면, 고객에게 외면받을 수 있다는 점 반드시 고민해 보셔야 합니다.

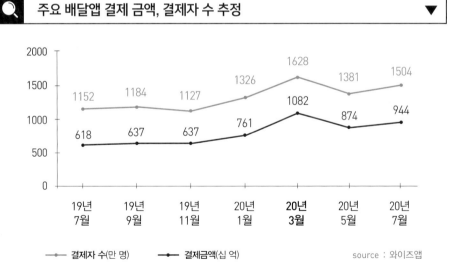

🔍 주요 배달앱 결제 금액, 결제자 수 추정 ▼

결제자 수(만 명): 1152, 1184, 1127, 1326, 1628, 1381, 1504
결제금액(십 억): 618, 637, 637, 761, 1082, 874, 944

19년 7월 / 19년 9월 / 19년 11월 / 20년 1월 / **20년 3월** / 20년 5월 / 20년 7월

—— 결제자 수(만 명) —●— 결제금액(십 억)

source : 와이즈앱

코로나19가 폭발적으로 확산되기 시작한 3월에
가장 높은 수치를 기록한 걸 알 수 있다.

- **실제 고객들의 평점과 리뷰 활용 가능**

마케팅 도구로 플랫폼 비즈니스가 갖는 가장 큰 장점은 바로 "살아 있는 고객의 평점과 리뷰"입니다. 전단지의 경우 직접 고객들이 느끼는 우리 업체의 품질을 알 수 없지만, 플랫폼 서비스를 사용하면 실제 이용 고객들의 평점과 리뷰로 판단이 가능해집니다.

2020년 8월 숙박·티켓 플랫폼, '여기어때'가 맛집 검색·추천 플랫폼 '망고플레이트'를 인수했습니다. 숙박 플랫폼에서 여행 종합 플랫폼으로 성장하고자 하는 여기어때의 입장에선 망고플레이트가 가지고 있던 70만 건의 "살이 있는 고객의 평점과 리뷰"가 탐났던 겁니다.

[단독] 여기어때, 맛집 추천 플랫폼 `망고플레이트` 인수

여기어때 앱에 맛집 콘텐츠 추가…"숙박 예약과 맛집 정보 시너지"
망고플레이트 전국 20만여개 맛집 정보, 방문객 리뷰 70만건 보유

홍성용 기자 입력 : 2020.08.20 10:57:41 수정 : 2020.08.21 16:37:55 💬 0

국내 대표 종합숙박·모바일티켓 플랫폼 여기어때(대표 최문석)가 맛집 추천 플랫폼 망고플레이트(대표 오준환)를 전격 인수한다. 이번 인수로 여기어때는 숙박과 모바일티켓, 맛집 정보의 여행 삼각편대를 갖추게 됐다. 숙박 앱 이용자가 가장 선호하는 정보로 `맛집` 정보가 꼽혀온만큼 핵심 고객층인 2030세대를 겨냥한 전략적 인수로 풀이된다.

source : 매일경제(https://mk.co.kr/news/it/view/2020/08/856654/)

- **플랫폼 서비스 제공 업체의 많은 혜택**

중개 서비스 제공 업체는 서비스 내 많은 거래를 위해 다양한 이벤트를 진행합니다. 그러니 공지사항을 자주 확인하셔서 할인쿠폰 제공, 일정 기간 할인 등 업체에서 제공하는 기능이나 이벤트를 적극적으로 활용해 보세요.

알아두면 손해날 일 없는 마케팅 지식!
플랫폼 서비스 리뷰/평점 관리 Tip

온라인 마케팅에서 가장 신경 써야 하는 부분이 바로 리뷰와 평점입니다. 그러다 보니 이 부분을 관리하는 일이 꽤 고역입니다. 어떻게 해야 잘하는 건지도 모르겠고요. 그런데 사업자가 아닌, 한 사람의 고객 입장에서 접근해 보시면 답은 꽤 쉽게 나옵니다. 기존에 이용한 적이 없는 매장이라면, 당연히 평점이 높은 매장, 댓글이 좋은 매장을 선택하게 됩니다. 높은 평점을 위해서는 당연히 취급하는 제품과 서비스의 질도 좋아야 한다는 건 기본입니다. 마케팅 업체를 이용해 댓글과 평점 작업을 하는 꼼수에는 한계가 있습니다. 그러니 언제나 기본에 충실해야 합니다. 바쁘다 보면 바로바로 답변이 어려운 경우가 많습니다. 이때 가장 많이들 하시는 실수가 좋은 평가에 먼저 답변하는 것입니다. 모든 리뷰에 답변을 못 한다면 불만 리뷰에 먼저 정성스럽게 답변하시기 바랍니다! 이는 불만 고객의 중요성 때문에 그렇습니다.

1. 불만 고객 중에서 4%만이 **불평을 표시**한다. 96%는 이야기 하지 않는다.
2. 불만 고객 중에서 60%는 불만이 해결되면 **고정 고객**으로 유지될 수 있다.
3. 불만 고객은 자신의 불만에 대해 주변인에게 **입소문**을 낸다(10~20명).
4. 불만 고객은 자신의 불만이 해결되면 **긍정적 입소문**을 5명에게 전달한다.

요즘은 추가 서비스 등을 통해 고객들의 리뷰와 평점 등을 적극적으로 획득하고 관리하는 매장들이 늘어나고 있습니다. 소위 "리뷰 좀 써주시고, 평점 좀 높게 주세요."입니다. 누군가는 이걸 보고 꼼수라고 생각할 수도 있겠으나, 손수 손편지를 쓰면서 서비스를 높이고, 다른 곳보다 고객들에게 혜택을 더 주면서 부탁하는 것이기 때문에 훌륭한 마케팅 전략이라고 볼 수 있습니다. 신뢰성이나 진정성 부문에서도 효과를 볼 수 있을 것입니다.

Ontact Marketing

2장

온택트 마케팅,
필수적인
사전 준비

　사업을 할 때 누구나 한 번쯤은 고민합니다. 요즘 같은 언택트를 넘어선 온택트 시대에는 더 그렇습니다. 경기도 용인에서 10년 넘게 삼겹살 전문점을 운영하는 50대 김 사장님도 요즘 이런 고민으로 얼굴에 수심이 가득합니다.

　김 사장님은 주변에서 너도나도 블로그며 SNS 등 온라인 마케팅을 한다기에 지인으로부터 전문 업체 한 곳을 소개받았습니다. 처음에는 비용 때문에 직접 배워서 해 볼까 하는 생각도 했습니다. 그러나 인터넷도 잘 알지 못하고, 괜히 직접 했다가 망신만 당할 것 같은 생각에 차라리 돈을 들여 전문가에게 맡기게 된 것입니다. 김 사장님은 온라인 마케팅 중에서 우선은 블로그만 해 보기로 했습니다. 우연인지 몰라도 처음에는 손님이 늘기 시작했습니다. 처음 보는 손님이 많은 걸로 봐서 블로그를 보고 찾아온 것으로 생각하고 기분이 꽤 좋았습니다. 그런데 얼마 지나지 않아 손님은 다시 줄어들기 시작했고, 매출도 다시 제자리로 돌아오게 되었습니다. 전문 업체가 계속 블로그 글을 올리고 있다고 생각했던 김 사장님은 그들로부터 깜짝 놀랄 만한 말을 듣게 됩니다. 바로 계속 글을 올리려면 비용을 더 지급해야 한다는 얘기였습니다. 실제로 전문 업체는 처음 몇 번만 블로그에 글을 올리고 그 다음부터는 제대로 관리하지 않고 있었던 것입니다.

　이런 상황에서 김 사장님이 직접 블로그를 관리하려 해도 아는 게 없으니 아무것도 못 하겠고, 그렇다고 전문 업체가 블로그를 운영하는 방법도 가르쳐 주는 것도 아니니 계속 골머리만 앓고 있습니다.

콘셉트로
소비자 끌어들이기

마케팅을 진행하기 전에 반드시 머릿속에 새겨두셔야 하는 것들이 있습니다. 그중 하나가 바로 자신의 사업 콘셉트를 명확하게 파악하는 일입니다. 보통의 소상공인이 자신의 사업 콘셉트를 잡는 일은 말처럼 쉬운 일은 아닙니다. 컨설턴트라고 해도 마찬가지입니다. 차라리 4대 독자 이름 짓는 게 더 쉬울 겁니다.

보통 콘셉트(Concept)는 아이덴티티(Identity)를 결정하는 주요 요소로 작용하기 때문에 차별화(Differentiation)를 가능하게 해주는 요소가 됩니다. 말이 쓸데없이 어렵죠? 쉽게 말해서, 콘셉트를 잘 잡아줘야 내가 하고자 하는 사업이 무엇인지 남들에게 제대로 드러낼 수 있다는 겁니다. 남들이 봐서 단박에 알아차려야 다른 사업과 구별할 수 있고, 그렇게 해야만 개성이 생기게 됩니다. 여전히 너무 추상적이라 쉽게 와 닿지 않죠? 이제 간단한 사례로 설명 하겠습니다.

콘셉트는
다른 곳과 차별화될 수 있게!

얼마 전 한 키즈카페에 역량 강화 컨설팅을 수행한 적이 있었습니다. 사장님과 컨설팅을 진행하면서 살펴보니 당최 매장의 콘셉트가 파악되지 않았습니다. 그래서 단도직입적으로 물어봤습니다. "아이들이 편하게 뛰어노는 키즈카페"라고 대답하시더라고요. "그건 콘셉트가 아니고, 그냥 기본"이라고 말씀드렸더니 매우 당황하셨습니다. 그래서 콘셉트에 대해 쭉 설명하면서 다른 매장과 다른 건 뭐가 있는지 물어봤습니다. 우물쭈물하시더니 머리를 긁적이며, "매장이 3층이라서 유모차 갖고 오는 손님들의 경우 1층에서 직접 들어 올려 준다."라고 부끄러워하셨습니다.

네! 바로 이런 것이 콘셉트입니다. 그래서 "사장님이 1층에서 매장까지 유모차 직접 올려주는 키즈카페"라고 콘셉트를 잡고 홍보를 하시라고 컨설팅해 드렸습니다. 그렇습니다. 사소한 것 같지만 타 매장에서는 해 주지 않는 사장님들의 노력, 이런 것들이 바로 차별점이며 콘셉트입니다.

이처럼 '우리 가게는 다른 가게와 이런저런 점에서 다르다.'라는 걸 고객에게 확실하게 인식시켜줄 수 있는 그 무엇으로 잡아야 합니다. 식당을 하면서 "음식이 맛있다."라며 물에 물 탄 것 같은 콘셉트는 콘셉트라고 말할 수가 없습니다. 그건 그냥 기본입니다. 식당이라면, "핵불맛 짬뽕"이나 "단짠단짠 치킨"같은 맛의 다양성, "돈가스 한 놈만 팬다." 같은 메뉴의 차별성, "점심 한 끼 4천 원의 착한 가격"과 같은 가격 경쟁력, "시골 외갓집 같은 분위기"의 익스테리어(Exterior, 건물의 외부구조, 장치)와 인테리어, "주차 걱정 없는 모임 장소"와 같은 시설 경쟁력, "먹자골목 들어서자마자 바로 있는 집"과 같은 접근성 등을 살려서 콘셉트를 정해볼 수 있습니다.

콘셉트는
장황하지 않게!

우리 가게의 강점 한 가지를 콕 짚어주세요. 우리에게 익숙한 20자 평처럼, 선택과 집중을 통해 간결한 정보가 전달되어야 합니다. 그러니 'TMI(Too Much Information)'는 절대 금지입니다. 다만 조금 더 욕심을 내보면 여러 강점을 하나로 포괄할 수 있는 단어나 표현을 찾아내도 좋습니다.

이를테면 카페의 경우, 직접 로스팅을 하는 로스터리 카페일 수도 있습니다. 거기에 익스테리어와 인테리어를 바우하우스 스타일의 모더니티를 강조했을 수도 있고요. 덧붙여 영화 〈달콤한 인생〉에서 이병헌이 야무지게 먹던 초코 케이크와 같이 먹기 아까운 디저트도 내놓고 있다면 콘셉트를 하나만 잡기에 골치 좀 아플 것 같습니다. 그래도 대표로 가져갈 콘셉트는 하나로 미는 것이 좋겠죠. "매일 로스팅한 드립 커피가 맛있는 카페"라던가 "모던한 스타일의 가구와 인테리어가 돋보이는 카페", "당근 케이크가 맛있는 카페" 정도로 말입니다.

고객 의견
조사하기

온택트 마케팅은 시공간의 제약 없이 비대면으로 불특정 다수에게 무차별적인 홍보가 가능하다는 게 큰 장점입니다. 직접 마주치지 않고도 광범위한 대상에게 언제, 어디서나 마케팅을 진행할 수 있다는 겁니다. 그러다 보니 가게에 대한 평가도 빠르게 확산될 수 있습니다. 예상했던 것 이상으로 빠르게 효과를 경험할 수도 있어 당혹스러울 정도입니다만, 장점은 그대로 단점으로 노출되기도 합니다. 안 좋은 정보는 더 빨리 퍼집니다. 하루 단위가 아니라, 오전, 오후가 다를 정도로 빠르게 확산된다는 거죠.

그렇다 보니, 마케팅보다 중요한 것은 팔고자 하는 제품이나 서비스 품질에 대한 확신입니다. 우리 제품이나 서비스에 대한 확신이 없다면, 온택트 마케팅은 오히려 역효과를 가져올 수 있습니다. 전 세계 리서치 시장에서 선두를 달리고 있는 닐슨 컴퍼니의 연구 결과에 따르면, 출시 전 시장 진입 테스트를 거치지 않은 채 덜컥 출시부터 해 버린 상품의 80%가 실패를 경험했다고 합니다. 제품 성과(Product Performance)가 높은 상품과 낮은 상품 간의 판매율 차이는 연간 30%를 보였습니다.

그래서 우리는 애써 만들어 놓은 우리 가게의 콘셉트가 고객들에게 어떻게 인식되고 있는지, 우리 가게엔 어떤 손님들이 와서, 얼마나 만족하고 있는지, 또 어떤 점에

만족하지 못하는지를 꼼꼼하게 따져볼 필요가 있습니다. 그렇습니다. 제품 경험을 확인해 볼 필요가 있다는 겁니다.

- **재구매 감소 추이**

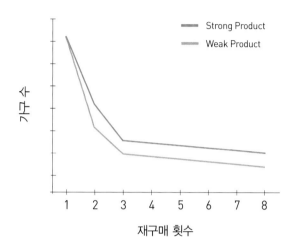

- **제품 성과에 따른 판매율 차이**

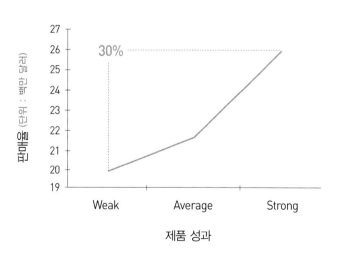

source : 닐슨 컴퍼니(https://www.nielsen.com)

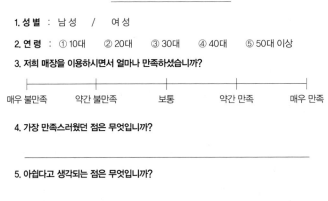

고객 의견 조사 (ID :   )

1. **성 별** : 남 성   /   여 성

2. **연 령** : ① 10대   ② 20대   ③ 30대   ④ 40대   ⑤ 50대 이상

3. 저희 매장을 이용하시면서 얼마나 만족하셨습니까?

매우 불만족   약간 불만족   보통   약간 만족   매우 만족

4. 가장 만족스러웠던 점은 무엇입니까?

_____

5. 아쉽다고 생각되는 점은 무엇입니까?

_____

가장 쉬운 방법은 손님들을 대상으로 간단한 설문조사를 해 보는 겁니다. 기왕이면 리서치 회사에 의뢰해 깊이 있는 정성 조사를 시행해 보면 좋겠지만, 수백만 원에서 수천만 원에 이르는 조사를 의뢰할 돈이 우리에겐 없습니다. 그러니 우리가 직접 간단한 설문 조사표를 만들어서 고객과 소통을 해 보자고요.

이때 응답자들에게 자그마한 서비스는 필수입니다. 참여율을 높여줄 뿐만 아니라, 정성 들여 설문을 작성해 주기 때문에 신뢰도를 높일 수 있습니다. 이렇게 고객의 평가를 수집해 보면, 우리 가게의 콘셉트는 어떻게 가져가야 할지, 어떤 부분을 중점적으로 홍보해야 할지 확신이 들 것입니다. 그때가 비로소 온택트 마케팅을 시작할 단계입니다.

우리 가게의
장·단점 파악하기

모든 활동에는 선택과 집중이 필요합니다. 경영 자체도 그렇지만 경영 활동 중의 하나인 마케팅 계획에도 어김없이 선택과 집중이 반드시 이루어져야 합니다. 선택과 집중을 위해 즐겨 쓰이는 경영환경 분석 방법으로 SWOT 분석이 있습니다. 본인이나 우리 가게 안에서 장·단점을 찾아내고, 인근 경쟁자들이나 상권 소비자들 사이에서 나타나는 장·단점을 분석하는 겁니다.

자! 이제 가슴에 손을 얹고 생각해 봅시다. 학창 시절 일기를 몰아 쓰거나, 아예 포기하는 성격이셨습니까? 지금은 어떠신가요? 시스템 다이어리에 빼곡하게 일정을 정리하거나, 그때그때 중요한 일을 정리하는 스타일인가요?

블로그나 SNS는 꾸준한 관리와 새로운 콘텐츠 개발이 가장 중요합니다. 다이어리 대신에 블로그나 SNS가 생겨서 다행이다 싶으신 분, 글쓰기를 즐기고 감수성이 풍부하신 분이라면 이런 온택트 마케팅에 딱 맞습니다. 그러나 영 글쓰기와는 담을 쌓아서, 도대체 뭘 쓰는 일이 버거운 분이시라면 걱정거리가 또 하나 생겼다고 귀찮아하실 수도 있습니다. 다만 휴대폰 카메라일지라도 사진은 제법 잘 찍는다 싶고, 길지 않은 단문쯤은 꽤 멋들어지게 써낼 수 있다 싶으시면 인스타그램이나 트위터 같은 SNS에 도전해 보셔도 좋겠습니다.

그런데 글에도 여러 종류가 있습니다. 보통의 직장인들은 프레젠테이션 문구나 보고서 문구에 익숙해져서, 시와 같이 짧고 간결하면서도 언어의 미학(美學)이 살아 있는 표현은 잘 구사하지 못합니다. 그런 건 보통 감수성이 풍부하신 분들이 잘하죠. 요리를 잘하거나, 그림을 잘 그린다거나, 사진을 잘 찍는 분들이 짧은 문장은 꽤 맛깔나게 잘 쓰시는 편입니다. 인스타그램을 이용한 온택트 마케팅에 잘 어울리시겠죠. 그에 비해 저희와 같이 공문이나 프레젠테이션에 익숙한 분은 블로그를 이용한 마케팅이 잘 어울리겠습니다. 이렇게 본인의 스타일에 맞는 온택트 마케팅 방식을 선택하고 집중하는 전략이 필요한데요, 그걸 찾기 위해서는 자기 자신을 알아야만 합니다. 본인이 무엇을 잘 할 수 있는지 혹은 할 수 없는지부터 냉정하게 돌아봐야 합니다.

간혹 어떻게 하면 글을 잘 쓸 수 있냐는 질문도 받곤 합니다. 냉장고 안에 코끼리를 넣은 것만큼 간단합니다. 냉장고 문을 열고, 코끼리를 넣고, 냉장고 문을 닫으면 되는 3단계 구조와 마찬가지로, 많이 읽고, 많이 생각하고, 많이 쓰면 됩니다. 송나라의 문인 구양수가 지적했던, 다독(多讀), 다작(多作), 다상량(多商量)만 지켜주시면 되는 겁니다. 악기 연주를 잘한다던가, 그림을 잘 그린다던가, 운동을 잘하는 것처럼, 글쓰기 역시 타고난 재능이 있는 게 아닌 이상 오랜 시간 훈련을 거쳐야만 잘 할 수 있게 됩니다. 그렇다 보니, "온택트 마케팅을 배우기 시작했는데, 초등학생처럼 일기나 쓰고 있으니 답답하다."라며 자괴감을 느끼시고 그만두시는 분들이 많습니다. 그래도 답은 거기서 시작해야 한다는 점, 이 점은 절대 변하지 않습니다.

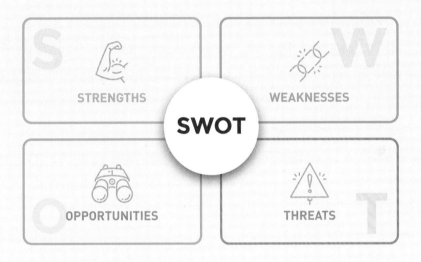

　"SWOT Matrix"는 강점(Strength), 약점(Weakness), 기회(Opportunity), 위협(Threat)의 머리글자를 모아 만든 단어로 경영 전략을 수립하기 위한 분석 도구입니다. 내부 환경 요소를 분석하여 강점/약점을 찾아내고, 외부 환경 요소를 분석해 기회/위협을 찾아냅니다. 기회는 살리고, 위협은 회피하며, 강점은 최대한 활용하고, 약점은 보완한다는 논리에 기초를 둡니다. 보통 X, Y축으로 2차원의 사분면을 그리고, 각각의 사분면에 강점/약점/기회/위협을 하나씩 배치하여 연관된 사항들을 우선순위로 기록합니다. 이러한 분석을 통해 경영자는 회사가 처한 시장 상황에 대한 인식을 할 수 있으며, 앞으로의 전략을 수립하기 위한 중요한 자료로 삼을 수 있습니다.

《손자병법》 '모공편'에 "知彼知己, 百戰不殆, 不知彼而知己, 一勝一負, 不知彼不知己, 每戰必殆－(지피지기 백전불태 부지피이지기 일승일부 부지피부지기 매전필태－)"란 문장이 있습니다. "적을 알고 나를 알면 백번 싸워도 위태로움이 없으며, 적을 알지 못하고 나를 알면 한 번 이기고 한 번 지며, 적을 모르고 나를 모르면 싸움마다 반드시 위태롭다."라는 말입니다. 이것을 이순신 장군께서 "백전백승(百戰百勝)"과 "백전필패(百戰必敗)"로 바꿔 쓰셔서, 오늘날에는 "지피지기 백전백승"이란 말이 더 자주 쓰이고 있습니다.

또 흔히 영어로는 "Know Thyself"로, 우리말로는 "너 자신을 알라."로 번역되는 고대 그리스의 경구가 있습니다. 주로 무언가를 배우려거든 자신의 무지부터 제대로 파악하라는 의미로 사용합니다.

지금까지는 지피지기 백전불태를 위해 나 자신을 아는 것에 초점을 맞춰 이야기했습니다. 이제 슬슬 "학이시습지(學而時習之, 배우고 때로 익히기)"로 넘어가 볼까 합니다. 그전에 이 얇은 책으로 온택트 마케팅의 깊은 영역까지 다루기에는 분명 한계가 있기에, 더욱 다양하고 깊이 있는 마케팅에 관한 공부가 필요하다면 정부와 기업이 제공하는 무료 온택트 마케팅 강의를 활용해 보시길 추천드립니다.

- **소상공인 지식 배움터** (https://edu.sbiz.or.kr/edu)

  소상공인 시장 진흥공단에서 운영하는 사이트입니다. 창업 교육, 경영 교육 등의 사전 교육 프로그램뿐만 아니라 다양한 교양 과정까지 아울러 제공하고 있습니다. 오프라인 교육이 어려운 소상공인들에게 다양한 교육 정보를 제공하는 온라인 교육 플랫폼입니다.

- **서울특별시 자영업 지원센터 소상공인 아카데미** (http://edu.seoulsbdc.or.kr/)

  창업 과정, 경영 개선 과정, 열린 강의실 등으로 구성된 업종별 기본 이론 교육으로 누구나 시간과 공간의 제약 없이 온라인과 모바일에서 학습 하실 수 있습니다.

- **경기도 시장 상권 진흥원 경기도 자영업 아카데미** (https://edu.gmr.or.kr/)

  시공간의 제약으로 집합 교육이 어려운 소상공인과 예비 창업자들을 위해 경영 역량 강화를 위한 온라인 교육을 상시 운영하고 있습니다.

- **유튜브 온라인 마케팅 채널**

  저희 TESS경영컨설팅에서도 유튜브 채널을 통해 간단한 동영상 강의를 제공하고 있습니다. 유튜브에는 저희뿐만 아니라 다른 온라인 마케팅 업체에서 제공하고 있는 동영상 콘텐츠도 상당히 많습니다. 이 책을 통해 광고하는 건가 생각하실 수도 있습니다만, 곧 다루게 될 유튜브 마케팅을 위해 제공되는 정보들이므로 오히려 여러분께서 그런 점을 벤치마킹하셔야 할 필요가 있습니다. 적당한 채널의 콘텐츠들을 재생해 보시길 권해 드립니다.

NAVER ▼

Ontact Marketing

3장

포털사이트
마케팅의 꽃
네이버

· · ·

N | 2,960만 명 ▼ 🔍

네이버 월간 순 이용자 수(2020년 4월 기준)
(모바일 통계분석업체 아이지에이웍스의 모바일인덱스 자료)

N | 10배 ▼ 🔍

**네이버 스마트 플레이스를 이용하는 오프라인 중소상공인(SME)이
그렇지 않은 중소상공인보다 누릴 것으로 예상하는 디지털 전환 성과**
(성균관대학교 경영대학 김지영 교수 연구진의
'D-커머스 리포트 2020'의 세 번째 리포트 자료)

N | 161만 명 ▼ 🔍

네이버 블로그 월간 순 이용자 수(2020년 4월 기준)
(모바일 통계분석업체 아이지에이웍스의 모바일인덱스 자료)

N | 온라인 이용자수·결재액 1위 ▼ 🔍

**2020년 상반기, 쿠팡과 이베이코리아를 제치고
온라인 쇼핑 결재액 1위 등극**
(앱·리테일 분석서비스 와이즈앱·와이즈리테일 자료)

포털사이트 중
왜 네이버일까?

"구글이 아무리 애를 써도, 국내에서는 여전히 네이버다."

　다양한 마케팅 활동을 측정하는 업체 비즈스프링에서 제공하고 있는 "인터넷 트렌드"란 서비스를 통해 2020년 상반기 검색 엔진 점유율을 살펴본 결과, 네이버가 57.37%, 구글이 33.58%, 다음이 7.45%의 점유율을 보여주었습니다. 같은 서비스를 통해 확인한 10년 전의 결과는 네이버 62.84%, 다음 23.91%, 구글 5.03%였습니다. 10년 사이 구글은 끊임없이 성장해 왔고, 다음은 형편없이 쪼그라들었습니다. 그 와중에도 네이버는 왕국의 영토를 굳건히 지켜왔습니다.

　"구글이 이렇게 성장해 왔으면 앞으로 추월할 수도 있는 거 아냐?"라는 의문이 생기실 수도 있습니다. 네, 저희도 동의합니다. 구글이란 제국과 네이버란 왕국의 싸움은 서서히 제국으로 기울 수밖에 없을 테니까요. 그러나 여전히 우리가 속한 마케팅 환경은 네이버 왕국이란 점을 명심하셔야 합니다.

　전체적인 검색 영역에서의 구글의 진전은 눈부십니다. 네이버처럼 파워링크가 검색 결과 앞에 나타나서 빠른 정보획득을 방해하지도 않을 뿐만 아니라, "정보 우선"의 검색 결과 때문에 미디어나 뉴스 검색에서는 이미 네이버를 앞질러 버렸습니다.

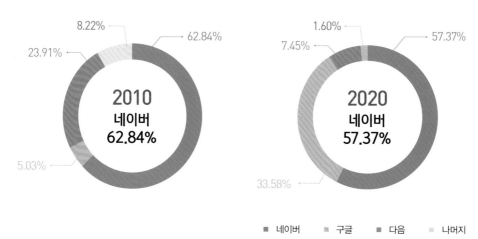

8.22%
23.91%
62.84%
5.03%

2010
네이버
62.84%

1.60%
7.45%
57.37%

2020
네이버
57.37%

33.58%

■ 네이버 ■ 구글 ■ 다음 ■ 나머지

source : 비즈스프링, 인터넷 트렌드 2020년 1~6월, 2010년 1~6월 검색 결과

하지만 쇼핑 검색 부분에서는 여전히 불모지입니다. 대부분의 쇼핑 검색 카테고리에서 네이버는 80~90%의 점유율을 보이고, 구글은 10% 언저리를 맴돌 뿐입니다.

네이버는 1998년 서비스를 개시하고 참 많은 변화를 일으키며 우리 사회에 뿌리내렸습니다. 특히나 2002년과 2003년에는 헤르메스(그리스신화에 나오는 올림포스 신 중 전령의 신이자 여행, 상업, 도둑의 신)의 모자와 녹색을 결합한 네이버 로고를 전면으로 내세워, "네이버 검색창에 OO만 쳐봐."라며 지식 검색 캠페인을 대대적으로 벌였습니다. 무엇보다 그 앙증맞은 모자를 쓴 전지현이 CF에 출연해, 네이버 블로그의 새로움을 부각하고, 다음 가페 서비스에서 네이버 카페 서비스로의 "이민"을 장려하면서 네이버 왕국의 기초가 쌓이기 시작했습니다.

네이버의 탐욕은 거기서 끝나지 않았습니다. 대한민국의 모든 IT 콘텐츠는 독식하겠다는 듯이 달려들었습니다. 없는 콘텐츠는 만들어서 제공하고, 있는 콘텐츠는 큐

레이션(Curation, 다른 사람이 만들어놓은 콘텐츠를 목적에 따라 분류하고 배포하는 일) 해서 내놓았습니다. 끊임없이 인터넷 트래픽(Internet traffic, 인터넷을 경유하는 데이터의 흐름)을 유발하고 체류 시간을 늘렸습니다. 그렇게 하자 광고가 늘었고 제휴 서비스의 가격이 높아졌습니다. 콘텐츠가 됐건, 광고 수입이 됐건 무엇 하나 놓치지 않고 빨아들이는 진공청소기가 돼버린 겁니다. 네이버 쇼핑에 가격 비교 서비스와 네이버 페이라는 결제 간소화 서비스 등을 더해 거대한 유통 채널로 거듭나더니, 마침내 네이버 플러스 멤버십이란 족쇄로 정점을 찍었습니다. 구글 제국이 보편성으로 물들여 가는 사이, 네이버 왕국은 구글이나 다음과 같은 경쟁사가 절대 넘볼 수 없는 진입장벽을 만들어 놓은 겁니다. 이런 상황에서 구글을 포함한 다른 포털사이트를 다루는 것은 별 의미가 없다고 봅니다. 우리는 이제 "한 놈만 팬다."라는 전략으로 가겠습니다. 포털사이트도 네이버 하나, 블로그도 네이버 블로그 하나, SNS도 인스타그램 하나, 동영상 서비스도 유튜브 하나!

Tip 알아두면 손해날 일 없는 마케팅 지식!
구글 제국의 성장

2010년에서 2020년 10년 동안 나타난 구글 검색의 성장세는 크게 세 가지 이유로 해석할 수 있습니다.

- 첫째, 휴대기기의 **안드로이드 운영체제**를 공급하고 있다는 게 큽니다. 현재 스마트폰 운영 체제는 딱 둘만 존재합니다. 안드로이드와 **iOS**. 아이폰 아니면 안드로이드폰입니다. 안드로이드 운영체제의 시장 점유율은 **75%** 정도인지라, 구글 검색이 업혀 가고 있다고 봐도 좋겠습니다.

- 둘째, **크롬의 약진**입니다. 웹브라우저에서 마이크로소프트는 구글에 완전히 밀려버렸습니다. 과거 최강자의 자리를 차지하던 익스플로러가 역사의 뒤안길로 사라지면서, 웹브라우저의 왕좌를 크롬이 차지해 버렸습니다. 그렇다 보니 대부분의 인터넷 페이지들이 크롬에 최적화되고 있습니다. 세대교체하고 나온 마이크로소프트의 엣지(**Edge**, 가장자리, 모서리)는, 이름처럼 엣지있게 가장자리로 처박혀버렸습니다. 크롬은 주소창에 검색하면 구글 검색이 이뤄지다 보니, 자연스레 검색 점유율이 올라갈 수밖에 없습니다.

- 셋째, **구글 검색 자체의 매력**입니다. 네이버의 폐쇄형 검색 환경에 질린 유저들이 더욱 정확하고 질 좋은 검색 결과를 찾아 구글로 떠났던 겁니다.

네이버 스마트 플레이스
등록하기

얼마 전 서울 구로의 소상공인 대표님들을 대상으로 SNS 강의를 진행한 적이 있었습니다. 이분들은 길게는 몇십 년, 짧게는 몇 년 동안 장사만 하셨던 분들로 블로그나 SNS는 거의 다룰 줄 모르는 분들이셨습니다. 주변에서 너도나도 한다기에 이참에 한 번 배워볼까 하고 어렵게 방문해 주신 겁니다. 온라인 마케팅의 기본을 설명해 드린 후, "지금부터 온라인 마케팅의 시작인 스마트 플레이스에 대해 말씀드리겠습니다."라고 운을 띄우니 웅성웅성하셨습니다. 여기저기서 "중요한 건가 봐?", "스마트 플레이스가 뭐지?", "어려울 거 같은데?"와 같은 반응들이 쏟아졌습니다. 그분들께 매장 스마트 플레이스 등록하신 분이 계신가 여쭤봤을 때, 다섯 분 정도가 손을 들었습니다. 그래서 매장 등록부터 시작해 봤습니다. 네이버 로그인을 하고, 등록 이력이 있는지부터 확인했습니다. 그런데 25명의 대표님 모두 이미 등록이 되어 있었습니다. 대부분이 등록된 줄도 몰랐고, 알고 있어도 관리를 거의 하지 않는 상황이었던 겁니다.

이처럼 많은 소상공인이 온라인 마케팅의 가장 기본인 네이버 스마트 플레이스의 존재조차 모르고 있으며, 하물며 관리는 해 본 적도 없는 경우가 많습니다. 하지만 온라인 마케팅에 있어 네이버 스마트 플레이스는 가장 기본 중의 기본입니다. 네이버 마케팅에 있어 가장 주목할 만한 것이 스마트 플레이스이기 때문이죠.

"네이버 스마트 플레이스"는 소상공인/중소기업인들이 네이버에 업체를 효과적으로 홍보할 수 있도록 지도 검색에 무료로 등록해 주는 서비스입니다. 네이버 스마트 플레이스에서 업체 정보를 등록하면 네이버 내 통합검색, 지도, 플레이스 정보 등 여러 서비스에 업체 정보가 노출됩니다. 스마트 플레이스 앱도 따로 제공하고 있어, 평상시 관리하기도 손쉽습니다. 또 망고플레이트처럼 마케팅 업체의 손길을 타지 않은 청정 리뷰를 위해 영수증 리뷰 서비스를 함께 제공하고 있어 스마트 플레이스는 더욱더 진화할 것으로 보입니다.

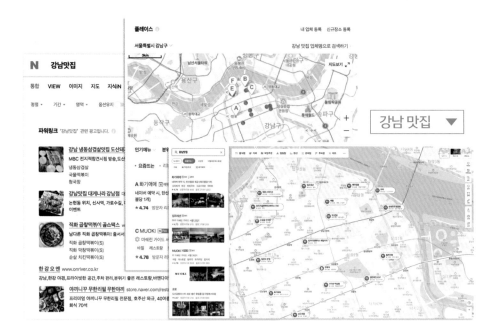

이제 네이버 스마트 플레이스에 대해, 사례를 통해 알아보겠습니다. 주말에 강남역에서 친구와 점심을 먹기로 했습니다. 어떤 메뉴를 먹을지 고민하다가 자연스럽게 휴대폰을 꺼내, 네이버 앱을 켜고, "녹색창"에 "강남 맛집"이라고 검색합니다.

- 네이버 검색창에 "강남 맛집" 검색

    PC 검색과는 달리, 앱 검색에서는 플레이스가 최상단에, 파워링크가 그 하단에 노출됩니다. 지도 위에 위치 표시, 상호명, 업체 콘셉트, 별점, 방문자 리뷰 수, 블로그 리뷰 수 등이 노출됩니다.

- 개별 매장 선택 후 화면

    매장 하나를 선택해 클릭하면 관련 메뉴, 리뷰 사진, 지도 위치 등 보다 상세한 정보들을 편의성 높게 구성하고 있는 것을 볼 수 있습니다. 앱에 최적화된 UI*로 깔끔하게 정리되어 있어 효율이 매우 높은 편입니다. 그럼 네이버 스마트 플레이스를 활용하는 방법이 어려울까요? 절대 그렇지 않습니다. 별거 없습니다. 지금부터 저희가 차근히 알려드릴 테니 일단 한번 시도해 보세요. Just do it!

---

* UI – User Interface, 컴퓨터나 모바일 기기 등을 사용자가 좀 더 편리하게 사용할 수 있는 환경을 제공하는 설계 또는 그 결과물

Step 1-1. 네이버에 스마트 플레이스 검색

일단 네이버에 스마트 플레이스를 검색해 홈페이지로 이동합니다.

Step 1-2. 스마트 플레이스에 이미 등록되어 있는 경우

스마트 플레이스에 우리 매장이 등록된 줄 모르는 대표님들이 꽤 많습니다. 그럴 때는 조회/관리에 들어가시면 확인하실 수 있습니다. 수정 버튼을 누르고 저장된 우리 매장의 정보를 업데이트하시면 됩니다.

✓ 만약, 다른사람이 등록한 경우 관리 권한 위임 선택

✓ 등록한 전화번호로 네이버에서 전화가 오면 승인 후 관리 진행 가능

Step 2. **신규 등록 페이지에서 기본 정보 입력하기**

업체명, 전화번호, 주소/지도, 업종 등 기본 정보를 입력합니다. 그런 후 "네이버에 이미 등록된 업체가 있는지 확인해 보세요"를 누릅니다.

✔ 신규 등록일 경우 등록 페이지로 넘어갑니다.

✔ 기존 등록이 있으면 이미 등록된 업체라고 뜹니다.
　 수정 또는 관리 권한 위임을 선택해 주세요.

Step 3. 이용 시간, 제품/가격 정보 등 입력하기

!!! 여기서 잠깐!
네이버 스마트콜

스마트콜은 네이버에서 제공하는 사업자 전용 무료 전화번호입니다. 050으로 시작하는 고유의 전화번호를 통해 고객을 내 업체의 전화번호로 연결해 주는 서비스죠. 스마트콜을 통해 전화가 수신되면 고객의 발신 매체 정보, 수신 여부 및 통화 시간 등의 정보와 고객 관리, 통화 연결음 등의 기능을 제공합니다. 즉 고객이 어떤 매체를 통해 어떤 목적을 가지고 전화를 하는지 사업자에게 실시간으로 알려드리며 통계도 제공합니다.

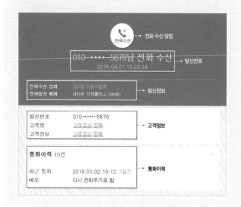

스마트콜 실시간 대시보드

네이버 스마트 플레이스 사이트에 접속하고 있으면 새로운 통화에 대한 정보를 실시간으로 확인하실 수 있습니다.

스마트콜 고객 관리 및 통화 이력

스마트콜을 통해 걸려온 전화의 발신 매체, 통화 상태, 통화 시간, 발신 정보 등을 알 수 있으며, 통화 이력을 확인하고 발신자를 고객으로 등록하여 관리할 수 있습니다.

스마트콜 외부 매체 관리

네이버 외의 원하시는 매체에 노출하여 전화 발신 여부를 확인할 수 있는 스마트콜을 발급받아 등록할 수 있습니다. 전화 연결에만 과금하는 CPR(Cost Per Ring) 방식으로 운영되지만, 비용 부담이 없진 않습니다. 그래도 마케팅 효과가 좋아 추천합니다.

Step 4-1. 가격표 사진, 업체 사진 등록하기

가격표 사진 (?)	가격표 사진 첨부 (최대 10장)
업체 사진 (?)	업체 사진 첨부 (최대 120장)

여기서 잠깐!
어떤 사진을 넣어야 할 지 고민된다면?

- **가격표 사진**은 메뉴를 따로 작성하기 때문에 굳이 필요 없지만, 넣는다면 **보기 쉽게 큼직한 걸**로 넣어주세요.

- 매장 사진은 고객에게 다양한 정보가 전달될 수 있도록 **최대한 다양하게** 넣어주세요. 최대 120장까지 등록 가능하니 너무 고르지 마세요.

- 다만 사진 정보는 **많으면 많을수록 고객의 신뢰감**을 높일 수 있지만, 너무 많아도 질립니다. **20장에서 30장** 정도면 충분합니다.

- 고객이 매장을 찾기 쉽도록 **전경과 진입로**를 포함한 사진도 넣어주세요. **낮과 밤 풍경** 모두 넣어주세요.

- **주차장이나 아기용 의자, 위생업체 인증 사진 등** 고객들이 관심 가질만한 사진도 빼먹지 마세요!

Step 4-2. 상세 설명(매장 콘셉트) 등록하기

상세설명

우리 업체 자랑, 사장님으로서의 업체 운영에 대한 신념, 고객에게 전하고 싶은 말, 추천 서비스 및 상품에 대한 설명 등 어떤 내용도 좋습니다.
내 업체를 2,000자 이내로 자유롭게 홍보해 주세요.

Step 4-3. 찾아가는 길 등록하기

매장이 눈에 잘 안 띄는 곳에 있다면 주변 큰 건물에서부터 최대한 상세히 설명
해 주세요.

찾아가는 길

자가용, 대중교통, 도보 등으로 쉽게 찾아올 수 있는 방법을 안내해 주세요.
예시) 역삼역 6번 출구에서 나와 200m 직진하면 우측에 보이는 주유소 바로 옆 건물의 1층입니다.

여기서 잠깐!
찾아가는 길? 네이버 길찾기 서비스가 있다.

찾아가는 길을 상세히 설명하라는데 줄자로 일일이 잴 수도 없으니 난감하시
죠? 이럴 때는 네이버에서 제공하는 길 찾기 서비스를 이용하세요! 네이버 스마
트 플레이스는 시간과 관계없이 언제든지 등록할 수 있으며, 업무일 기준 2시간
에서 최대 5일 이내에 처리됩니다. 서비스 반영은 처리 후 하루 정도 지연되어 반
영됩니다.

Step 1. '키워드'를 설정할 것

스마트 플레이스를 등록할 때, 키워드는 전략적으로 선택해서 노출하는 것이 좋습니다. 전략적인 키워드 선택 방법은 다음 3장에서 배울 거랍니다!

Step 2. 구체적으로 설명할 것

우리 가게에 대해 최대한 구체적으로 설명하고, 다양한 내용을 전달해 주면 고객의 신뢰도를 높일 수 있습니다. 다만, 만고불변의 진리인 과유불급은 지켜주세요. 휴대폰 창은 작고, 유저들은 'TMI(Too Much Information)'를 좋아하지 않습니다.

Step 3. 많은 리뷰를 유도할 것

상위에 노출되기 위해서는 충실하게 작성된 정보도 중요하지만, 고객의 리뷰 수도 영향을 줍니다. 리뷰 이벤트 등을 통해, 고객들에게 리뷰 작성을 유도하는 것도 하나의 방법입니다.

03.

모두(Modoo)로
우리 가게 홈페이지 만들기

2015년이 되면서 구글, 빙(Bing)과 같은 검색 엔진들이 PC보다 모바일 환경에 우선하는 검색 결과를 먼저 노출하는 개편을 단행했습니다. 네이버 블로그 역시 모바일 환경에 적합할 수 있게 개편했으며, 한 단계 더 나아가 "모두!(modoo!)"라는 모바일 친화형 무료 홈페이지 제작 서비스를 내놨습니다.

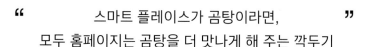

“   스마트 플레이스가 곰탕이라면,   ”
모두 홈페이지는 곰탕을 더 맛나게 해 주는 깍두기

모두 홈페이지는 PC뿐만 아니라 모바일에서도 제작/편집이 가능하며, 다양한 템플릿(이미 만들어져 있는 틀)을 제공하고 있어서 업종별 맞춤 홈페이지를 간편히게 만들 수 있습니다. 컴맹인 소상공인/중소기업인일지라도 자녀나 아르바이트생을 시키면 쉽게 만들 수 있는 수준입니다. 특히 모바일에서는 사진을 찍어서 바로 등록이 가능하기 때문에 더욱 편리하게 이용할 수 있습니다. 거기에 네이버 예약 시스템인 '네이버 예약'과 결제 기능인 '네이버 페이'도 연동되며, 네이버 아이디 기반의 무료 채팅 서비스 '톡톡'까지 연계가 가능합니다. 이를테면 모두 홈페이지는 큰 도화지에 필요한 조각들을 하나씩 넣어서 길게 늘어난 큰 그림을 그리시는 거로 생각하시면 됩니다. 주어진 구성 요소들로 페이지를 만들어 붙이고, 또 만들어 붙이기를 반복하는 겁니다만, 아예 그 구성 요소들을 자주 쓰이는 아홉 가지 "페이지"로 정형화했기에 붙여나가기가 더 쉽게 됐습니다.

이제 모두 홈페이지를 만드는 방법을 진행 순서에 맞춰 차례차례 살펴보겠습니다.

 모두(Modoo) 홈페이지 만드는 방법 ▼

Step 1. **네이버 검색창에 "모두 홈페이지" 검색하기**

링크 주소가 "www.modoo.at"이 맞는지 확인해 주세요. 네이버는 모두 홈페이지 제작 대행사기를 조심해 달라고 당부하고 있습니다.

Step 2. 모두 홈페이지 로그인하고 시작하기

네이버 아이디가 있는 사람이라면 누구나 로그인 가능합니다. 로그인이 된 상태에서 〈나도 시작하기〉 버튼을 누르시면 됩니다.

Step 3. 시작 전 중간 안내

"나만의 멋진 홈페이지를 만들어 보세요."라는 화면이 뜹니다. 여기서 "modoo! 시작하기" 또는 "나도 지금 만들기" 버튼을 누르면 시작하실 수 있습니다.

Step 4. 가이드 따라 만들어 가기 1단계: 방향 선택

우선 시작하게 되면 가이드 팝업창이 나옵니다. 가이드를 따르지 않고 자유롭게 만드시려면 그냥 창을 닫으시면 됩니다.

Step 5. 가이드 따라 만들어 가기 2단계 : 업체별 템플릿 선택

업종에 따른 다양한 템플릿들 추천이 뜹니다. 해당 업종에서 주로 사용하는 템플릿을 제공해 줍니다. 자신의 업종, 매장 특성에 맞는 템플릿을 선택하시면 됩니다.

Step 6-1. **홈페이지 구성요소 : "홈" 만들기**

① 오른쪽 끝의 '페이지 추가'를 클릭하시면 필요한 페이지를 덧붙일 수 있습니다.

② '첫 페이지'는 어떤 구성으로 첫 페이지를 노출할지를 보여줍니다. 샘플보기가 있으니 각각 클릭해 보시고 마음에 드는 걸로 고르면 됩니다.

③ '기본 편집'은 기본적으로 들어가야 할 것이 무엇인지 설정하는 것입니다.

- '홈페이지 정보'의 정보 수정을 눌러 홈페이지명, 인터넷 주소, 대표 이미지, 홈페이지 설명, 분류를 넣어주세요.

- 네이버 검색에 노출할 것인지도 선택해 주세요.

- 무엇보다 네이버 지도 연결을 선택해 주셔야 하는데, 그 전에 스마트 플레이스가 설정되어 있어야 합니다.

- 이후 스크롤을 천천히 내리면서 하나씩 채워나가시면 됩니다.

홈 만들기가 끝나면, 홈 외의 다른 페이지들을 만들 차례입니다. ①번에서 원하시는 다른 페이지들을 클릭해 주세요.

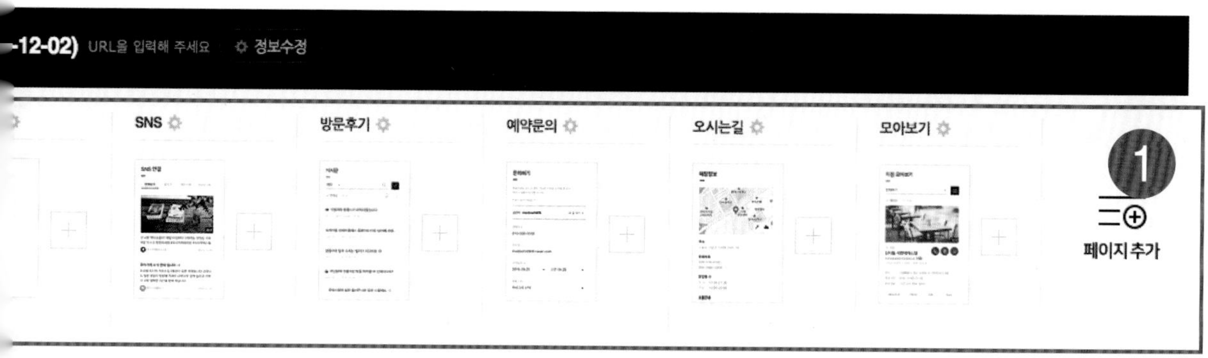
-12-02) URL을 입력해 주세요
정보수정
SNS
방문후기
예약문의
오시는길
모아보기
1
페이지 추가

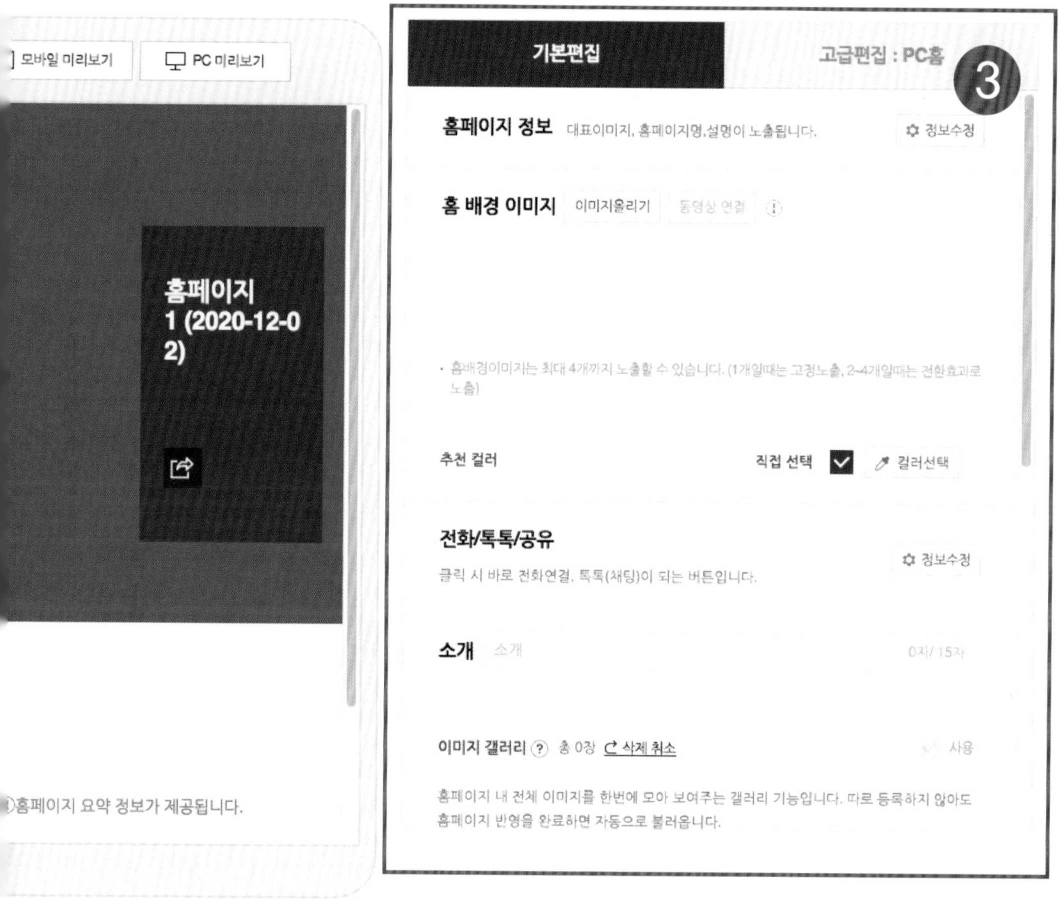
모바일 미리보기
PC 미리보기
홈페이지
1 (2020-12-0
2)
홈페이지 요약 정보가 제공됩니다.
기본편집
고급편집 : PC홈
3
홈페이지 정보
대표이미지, 홈페이지명,설명이 노출됩니다.
정보수정
홈 배경 이미지
이미지올리기
동영상 연결
· 홈배경이미지는 최대 4개까지 노출할 수 있습니다. (1개일때는 고정노출, 2~4개일때는 전환효과로 노출)
추천 컬러
직접 선택
컬러선택
전화/톡톡/공유
클릭 시 바로 전화연결, 톡톡(채팅)이 되는 버튼입니다.
정보수정
소개
소개
0자/ 15자
이미지 갤러리
총 0장
삭제 취소
사용
홈페이지 내 전체 이미지를 한번에 모아 보여주는 갤러리 기능입니다. 따로 등록하지 않아도 홈페이지 반영을 완료하면 자동으로 불러옵니다.

홈페이지 구성 요소 : "페이지" 만들기 (예시. 내부시설)

'구성 요소 추가'를 통해 이미지, 텍스트 등과 같은 요소를 넣을 수 있습니다.

* 가령 '이미지 한 장'에서 원하시는 사진을 올려주세요. 그런 후 가운데 핸드
폰 화면에 있는 모바일 미리보기 또는 PC 미리보기를 클릭하면 어떻게 이
미지가 올라오는지 확인하실 수 있습니다.

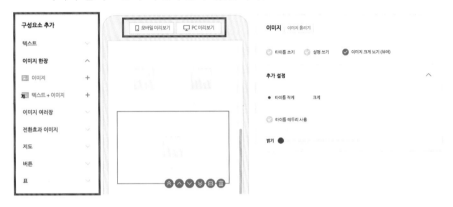

기능 페이지 – 메뉴/가격 선택 후 페이지 추가하기 클릭

'1단 이미지 메뉴 추가'는 사진 하나만 노출하는 것, '2단 이미지 메뉴 추가'는 2
개의 이미지가 나란히 노출되는 형태입니다. '텍스트 메뉴 추가'에서는 이미지
없이 텍스트만으로도 메뉴를 만들 수 있습니다.

* 음식 이름과 가격 그리고 베스트 메뉴, 시그니처 메뉴, 추천 메뉴 등을 올려
주세요.

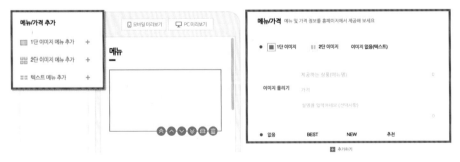

Step 7-2. 기능 페이지 – 쿠폰/이벤트 선택 후 페이지 추가하기 클릭

원하시는 개수만큼 쿠폰이나 이벤트 설정을 추가해 주세요. 네이버 예약 서비스에
서 쿠폰 발행과 이벤트 관리를 할 수 있기 때문에 편리하게 활용할 수 있습니다.

Step 7-3. 기능 페이지 – SNS 연결 선택 후 페이지 추가하기 클릭

Step 7-4. 기능 페이지 – 게시판 선택 후 페이지 추가하기 클릭

방문 후기를 설정, 관리하는 페이지입니다. 톡톡, 문자, 이메일로 새글 알람을 받을 수 있습니다.

Step 7-5. 기능 페이지 – 문의/신청 선택 후 페이지 추가하기 클릭

고객이 예약을 할 수 있는 페이지입니다. 예약에 필요한 연락처, 메일, 희망 날짜 등을 물어볼 수 있는 텍스트를 넣을 수 있습니다. 게시판 페이지와 마찬가지로, 톡톡, 문자, 이메일로 새글 알람을 받을 수 있습니다.

Step 7-6. 기능 페이지 – 스케줄(캘린더) 선택 후 페이지 추가하기 클릭

정기 휴일이나 부정기 휴일, 이벤트 일정 등을 공유할 수 있습니다.

Step 7-7. 기능 페이지 – 매장/영업 선택 후 페이지 추가하기 클릭

매장 이용 시간 및 제공서비스(예약, 단체석, 주차 등), 오시는 길을 안내하는 페이지입니다.

이 외에도 네이버 스마트 스토어를 가지고 계신 분이라면 페이지 추가에서 스토어 페이지를 추가하여 본인의 스마트 스토어와도 연결하실 수 있습니다.

Ontact Marketing

4장

온택트 마케팅의
첫 단추는
검색 키워드 선정!

언제부터인가 우리는 원하는 정보를 검색할 수 없으면 찾고 있던 제품이나 회사에 대한 믿음이 떨어질 정도로 검색어를 통해 정보를 찾는 것이 일상이 되었습니다. 이제는 주류가 된 블로그, 인스타그램 등의 SNS도 마찬가지입니다. 어떤 검색어를 사용하느냐에 따라 방문자 수가 달라지고, 그에 따른 매출도 달라지는 경우가 허다합니다.

서울 노원구에서 배달 전문 횟집을 운영하는 30대의 전 사장님은 청년 사장님답게 매장을 운영하는 데 있어서 블로그, 인스타그램 등을 즐겨 이용합니다. 고등학교 졸업 후 바로 사회에 진출해 농수산물 시장, 횟집 등에서 충분한 경험을 쌓고, 지금의 횟집을 개업한 전 사장님. 타고난 성실함에 뛰어난 음식 솜씨까지 더해 동네 고객들에게 호평을 받으며, 단골들도 많이 확보했습니다. 하지만 상권을 형성하는 주 고객층의 연령대가 높다 보니, 언제나 고객의 요구는 까다로웠고, 업장을 유지하기가 쉽지 않았습니다. 이런 상황에서 코로나19 사태가 벌어지는 바람에 매장 손님은 반 토막 났습니다. 하늘이 무너진 것 같이 답답했지만, 고민 끝에 전 사장님은 과감하게 홀 영업을 포기하고 배달 전문점으로 변신을 꾀했습니다. 전환 초기에는 그동안 열심히 관리해온 블로그, 인스타그램 덕에 매출을 회복할 수 있었고, 배달 전문으로 바뀌길 잘했다는 생각까지 했었습니다. 하지만 한 달 정도 지났을까, 전화 끊기가 무섭게 밀려오던 주문 전화가 줄어들기 시작했습니다. 처음엔 그럴 수도 있겠다고 생각하고 자신을 위로했으나 그러한 상황은 계속됐습니다. 너무 답답한 나머지 주변 사람들에게 조언을 구했고, 여차저차 소상공인시장 진흥공단에서 제공하는 전문가 컨설팅까지 다다를 수 있었습니다. 전문 컨설턴트가 여러 날 진단해 본 결과, 운영하는 SNS 채널의 검색 키워드 선정이 효과적이지 못하다는 진단을 받게 되었습니다.

네이버 키워드스테이션
이해하기

　온택트 마케팅에서 가장 중요한 점은 무엇보다 "검색"이 이루어져야 한다는 점입니다. 쉽게 말하자면, 아무리 전단지를 잘 만들어서 길거리에서도 배포하고, 집집마다 우편함에 뿌린다고 해도, 읽지도 않고 쓰레기통으로 들어가면 의미가 없다는 것입니다. 아무도 읽지 않는 전단지처럼 검색이 되지 않는 온택트 마케팅은 답이 없습니다. 검색을 통해 노출돼야만 비로소 의미가 있습니다. 무작정 뿌려대는 전단지가 아니라, 고객이 필요해서 직접 골라 가져갈 수 있는 전단지를 만들어야 한다는 겁니다. 그것이 온택트 마케팅에서는 "검색"입니다. 그렇게 내 상품, 내 서비스 그리고 내 회사에 대한 정보가 잘 검색될 수 있도록 온택트 마케팅을 진행하기 위해서는 무엇보다 검색 키워드 선정에 유의하셔야 합니다. 검색 키워드 선정에서 가장 유의할 점은 소비자가 실제 구매까지 하는 검색 키워드를 찾는 것입니다. 이때 네이버의 키워드스테이션을 활용하면 좋습니다.

　키워드스테이션은 네이버에서 광고주들에게 제공하는 키워드 광고 분석 시스템을 말합니다. 키워드스테이션에서 제공하는 연관 키워드는 비즈 채널 웹 사이트 내 키워드 정보, 키워드 클릭 정보, 내가 구매한 키워드 등을 기반으로 통계 시스템에서 추출한 결과입니다. 키워드 도구를 활용하면 다양한 기준의 연관 키워드를 조회해서 검색어 조합에 만전을 기할 수 있습니다. 그렇다고 해서 키워드스테이션이 만능키는 아닙니다. 기본적으로 네이버 광고에서 판매되는 "파워링크 캠페인"의 키워드 판매 실적에 관한 자료이다 보니, 검색 가능한 키워드에 한계가 있습니다. 이런 한계는 네이버 데이터랩과 같은 키워드 분석 도구로 보완이 가능합니다.

우리는 키워드스테이션 공략이 온택트 마케팅의 시작이자 절반이라고 감히 말씀드리고 싶습니다. 올바른 키워드 선별은 조정 경기에서 키잡이 역할과 같습니다. 잠재적 고객을 우리의 마케팅 전략 앞으로 모셔오는 작업이 검색 최적화이고, 그 최적화에서 가장 큰 역할을 하는 것이 검색어 선정이기 때문입니다.

여기서 잠깐!
인터넷 키워드 분석 도구

소비자들이 인터넷에 검색하는 키워드에는 무엇무엇이 있을까요? 바로 이러한 궁금증을 해결하기 위해 네이버는 키워드스테이션 이외에도 네이버 데이터랩(Data Lab) 서비스를 제공하고 있습니다. 우리는 네이버 데이터랩을 이용해 소비자들에게 인기 있는 검색 키워드, 자주 검색하는 키워드 등을 분석하여 마케팅에 활용할 수 있습니다. 네이버뿐만이 아닙니다. 구글역시 네이버 데이터랩과 비슷한 구글 애드워즈(Google Adwords)라는 서비스를 제공하고 있습니다. 구글은 구글애즈(Google Ads)라는 네이버 광고와 유사한 온라인 광고 게재 서비스와 함께 검색어와 관련된 단어에 광고를 넣을 수 있는 구글 애드워즈 서비스를 운영하는 것입니다. 한편 다음소프트에서도 썸트렌드(Some-Trend)라고 하는 검색어 분석 서비스를 제공하고 있습니다.

이렇게 키워드 분석 도구들을 잘 활용하시면 생각지도 못한 장점을 가져가실 수 있습니다.

- 다양한 키워드 중 어느 것을 활용해야 나에게 유리할지 선택할 수 있어 돈과 시간을 절약할 수 있게 됩니다.
- 적절한 키워드를 활용하면 소비자의 유입이 증가합니다. 네이버 스마트 플레이스를 이용하는 오프라인 중소상공인이 그렇지 않은 중소상공인보다 누릴 것으로 예상되는 디지털 전환 성과가 최대 10배라고 합니다. 쉽게 말해, 인터넷 이용자가 실제 소비자가 될 확률이 최대 10배에 달할 수 있다는 뜻입니다. 인터넷 이용자의 유입이 증가하면, 분명 그와 유사한 효과를 얻을 수 있으리라 기대할 수 있을 겁니다.

- **네이버 데이터랩**

급상승한 검색어의 순위를 다양한 옵션을 통해 자세히 제공하는 "급상승 검색어", 네이버 통합검색에서 특정 검색어가 얼마나 많이 검색됐는지를 기간별/연령별/성별로 조회해 볼 수 있는 "검색어트렌드", 다양한 분야에서 클릭이 발생한 검색어의 클릭량 추이 및 연령별/성별 정보를 상세히 조회할 수 있는 "쇼핑인사이트", 시/군/구 지역을 하나 선택해 해당 지역의 관심 업종 순위와 업종별 인기 지역을 확인할 수 있는 "지역 통계의 지역별 관심도"와 비씨카드에서 제공하는 데이터를 기반으로 카드 사용명세 정보를 제공하는 카드 사용통계 서비스를 묶은 "지역 통계의 카드 사용통계", 뉴스 서비스에서 작성된 댓글 현황을 제공하는 "댓글통계"를 제공하고 있습니다. 물론 구글에서도 유사한 서비스인 "구글트렌드"가 존재합니다.

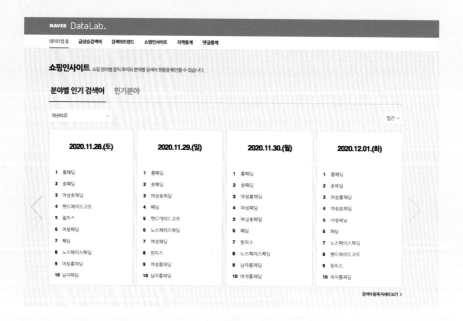

- **썸트렌드(www.some.co.kr)**

다음커뮤니케이션에서 분사한 국내 최초 AI 기반 빅데이터 분석 전문기업인 다음소프트가 개발한 소셜 미디어 빅데이터 분석 서비스입니다. 이를 활용하여 지금 가장 트렌디한 생각과 반응을 파악할 수 있습니다. 누구나 쉽게 사람들의 관심도, 감정 등 빅데이터 분석이 가능하며 270억 건 이상의 빅데이터와 국내 최고의 분석기술이 만들어낸 신뢰도 높은 결과를 얻을 수 있습니다. 대표적으로 검색어 언급량 추이, 연관어 변화, 감성 연관어 등을 분석할 수 있습니다.

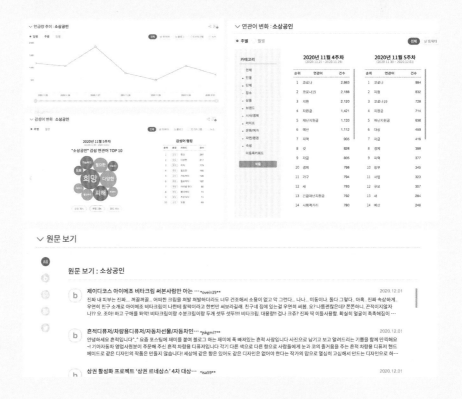

02.
네이버 키워드스테이션
따라하기

키워드스테이션 활용하는 방법

Step 1. **키워드스테이션 들어가기**

우선 네이버 검색창에 '키워드스테이션'을 검색하고 네이버 광고(searchad.naver.com)를 클릭합니다.

N **키워드스테이션**   ⌨ ▾ Q

통합   **VIEW**   이미지   지식iN   동영상   쇼핑   뉴스   실시간검색   어학사전   · · ·   검색옵션 ∧

정렬 ▾   기간 ▾   영역 ▾   옵션유지 ◯   상세검색 ▾

N searchad.naver.com
네이버 광고

온라인교육 · 고객센터 · 광고상품안내 · 직접운영안내 · 오프라인교육   공식대행사 · 광고등록기준
네이버 광고 소개, 사이트검색광고, 쇼핑검색광고, 콘텐츠검색광고, 브랜드검색 안내.

  ⊙ 블로그   ▶ 네이버TV

네이버 계정과도 연동됩니다만, 앞으로 네이버 검색 광고를 진행할 수도 있으므로 일단 가입해 두시면 두루 사용할 수 있습니다.

Step 3. 키워드 도구 클릭

Step 4. 키워드 검색

키워드 창에 원하는 키워드를 검색하시면, 검색된 키워드의 월간 검색 수, 월평균 클릭 수나 연관 키워드 등을 확인하실 수 있습니다.

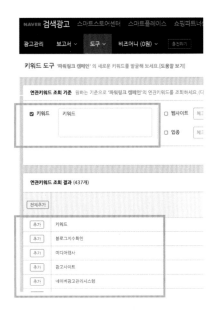

Step 5. 키워드 상세 분석

하단 연관 검색어에 검색되어 나온 결과를 클릭하면, 더욱 상세하게 성별, 연령대 정보도 확인 가능합니다.

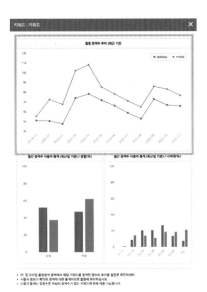

03.
성공적인 검색 키워드
뽑는 법

Step 1. 주요 키워드와 연관 키워드를 조합

크게 주요 키워드와 연관 키워드를 분석해 고객들이 가장 많이 찾는 키워드들을 조합해 검색 키워드를 선정하는 방법입니다. 네이버 광고의 키워드 도구나 네이버 데이터랩을 이용하면 됩니다.

Step 2. 경쟁자 키워드 참고

같은 업종, 같은 종류의 제품이나 서비스를 취급하는 곳을 벤치마킹하는 것은 필수입니다. 앞서 더 많이 고민하고 그렇게 내놓은 키워드 조합을 따라 하는 것이 좀 더 일을 손쉽게 해낼 방법입니다. 후발 주자가 검증된 마케팅 방식을 모방해서 경험을 넓히는 것은 밥 먹듯이 흔한 일입니다.

Step 3. 보편적인 키워드로 선정

키워드는 보편적인 용어에서 고릅니다. 검색어도 말인지라, 쓰는 사람들에게 편한 표현부터 찾게 되어 있습니다. 공식 명칭보다는 사람들이 일상에서 자주 쓰는 표현이 더 많이 쓰이기 마련입니다. 그 몇 가지 예를 들어 보겠습니다.

공식 명칭	실제로 더 자주 쓰이는 말
N서울타워	남산타워
펌	파마
자장면	짜장면
모바일	핸드폰

- 남산타워는 외국인에게 서울에 있는 타워라는 걸 각인시키기 위해 **N서울타워**로 공식 명칭을 바꿨지만, 여전히 많은 사람이 남산타워라고 부릅니다.
- 퍼머넌트 웨이브가 줄어든 표현인 펌보다는 오래전부터 입에 붙은 파마라는 표현이 **1.5배** 이상 높게 검색됩니다.
- 자장면/짜장면의 원래 표준어는 자장면이지만, 짜장면이 워낙 많이 쓰이다 보니 짜장면도 표준어가 됐습니다. 검색률은 짜장면이 **4배** 정도 높게 나타납니다.
- 모바일폰의 콩글리시인 핸드폰은 모바일보다 **8~10배** 정도의 검색량을 보여줍니다.

Step 4. 차별적인 롱테일 키워드 선정

키워드를 선정할 땐 검색 최적화를 위한 C-Rank(네이버 검색 결과에 출처의 신뢰도를 계산해 랭킹에 반영하는 알고리즘) 올리기를 먼저 하는 게 필요합니다. 파워블로거들의 텃밭이 되어버린 검색량 많은 검색어를 치고 들어가기보다는, 소소하더라도 확실한 타겟층이 존재하는 롱테일 키워드(Long Tail Keyword, 얇고 가는 꼬리처럼 적지만 오래가는 틈새 키워드)로 가장 상위에 노출되는 것도 필요합니다. 무엇보다 롱테일 키워드는 실제 유저들이 자신들이 원하는 검색 결과를 바라는 마음에서 만들어지는 세부적인 키워드 조합이란 점에서 구매 전환율(방문자가 실제 구매로 이어지는 정도를 나타낸 것)도 높은 편입니다. 가령 검색량이 많은 슬리퍼 대신 비속어인 쓰레빠를 공략함으로써 롱테일 키워드 공략이 가능합니다.

Step 5. 인터넷 용어 등 시의성 있는 키워드를 선정

요즘 세대들이 사용하는 인터넷 줄임말, 신조어 등을 키워드로 선정하여 반영하는 방법입니다. 젊은이들을 타겟으로 할 경우 효과적일 수 있습니다. 그 몇 가지 예를 들어보겠습니다.

- 먹방 : 음식을 먹는 방송.
- 득템 : 아이템을 얻음. 무슨 물건을 얻음.
- 관종 : 관심 받고 싶은 종족.
- 인싸 : 인사이더의 줄임말로 각종 행사나 모임에 적극적으로 참여하는 사람.
- 꾸안꾸 : '꾸민 듯 안 꾸민 느낌'의 줄임말.
- 만렙 : 최고 레벨.
- 만반잘부 : '만나서 반가워 잘 부탁해.'의 줄임말.
- 오놀아놈 : '오! 놀 줄 아는 놈이군.'의 줄임말.
- 안물안궁 : '안 물어봤고 안 궁금해.'의 줄임말.
- 존잘/존예/졸귀 : '존나 잘생겼다.', '존나 예쁘다.', '존나 귀엽다.'의 줄임말.
- JMT : '존맛탱(존나 맛있다는 의미)'의 두문자화.
- TMT : 'Too Much Talker'의 줄임말. 박찬호가 대표 아이콘.
- 갑툭튀 : '갑자기 툭 튀어나왔다.'의 줄임말
- 듣보잡 : '듣도 보도 못한 잡것.'의 줄임말.

Ontact Marketing

5장

우리 가게를
공유하게 만드는
네이버 블로그 마케팅

· · ·

시간이 지나도 많은 분들이 변함없이 갖게 되는 질문이 있습니다. "왜 블로그를 해야 하는가."와 "왜 네이버 블로그인가."입니다. 간단하게 결론부터 말씀드리겠습니다. "블로그를 해야 하는 이유"는 가장 적은 비용으로 지금 당장 할 수 있는 최선의 온택트 마케팅 방법이라서 그렇습니다.

50대 오 사장님은 20대의 자녀들과 함께 대전에서 6년째 커피숍을 운영하고 있으며, 대부분의 운영은 자녀들이 하는 상황입니다. 커피숍 주변에는 10,000세대 이상의 대규모 아파트 단지가 입지하고 있지만, 다른 커피숍과는 달리 재래시장 초입 2층에 입지하고 있습니다. 접근성과 가시성 측면에서 다소 불리한 입지이지만, 레트로 스타일의 아주 예쁜 인테리어로 많은 마니아층을 형성하고 있습니다. 하지만 코로나19로 인해 단골들의 발길이 뜸해지고 매출액은 계속 떨어지고 있는 상황입니다.

이제까지 홍보는 사진과 검색어만으로도 간단하게 운영할 수 있는 인스타그램으로만 진행했고, 번거롭게 포스팅을 해야 하는 블로그는 손도 대지 못했습니다. 그래서 20대 자녀들은 개설만 해 놓고 전혀 관리하지 않던 블로그를 정성껏 관리하기 시작했습니다. 초등학생 미만의 자녀를 둔 맞벌이 부부가 많다는 주변 고객 분석을 통해, 아침 식사 대용 샌드위치 세트를 개발해 배달 서비스도 시작했습니다. 물론 이 새로운 서비스를 블로그를 통해 매일 홍보해서 효과를 보고 있습니다.

왜 네이버 블로그를
해야 하는가?

우리는 앞에서 네이버 스마트 플레이스와 모두 홈페이지를 만들고 왔습니다. 소상 공인/중소기업인이 검색 소비자에게 일방적으로 전달할 수 있는 정보 전부를 모아서 제공하는 방법이 스마트 플레이스와 모두 홈페이지였다면, 검색 소비자와 소통의 창 구로 활용할 수 있는 것이 바로 블로그입니다. 조금 어려운 표현으로 스마트 플레이스 와 모두 홈페이지는 웹1.0 환경(1994년부터 2004년까지의 기간에 있던 대부분의 웹사 이트)에서 쓰이던 방식이고, 블로그는 공감이나 댓글, 비밀댓글과 같은 기능을 통해 웹2.0 환경*을 여러분과 검색 소비자에게 제공하는 겁니다.

그럼 왜 하필 "네이버" 블로그일까요? 결론적으로 말씀드리면, 네이버에서 검색되 려면, 네이버 블로그여야 하기 때문입니다. 네이버란 검색 엔진은 몹시 배타적입니 다. 티스토리, 워드프레스, 브런치 같은 다른 블로그 플랫폼의 포스트를 블로그 검색 결과에 좀처럼 포함해 주지 않습니다. 오로지 네이버 블로그만 우대합니다. 반대로

* 웹2.0 – 2004년 이후에 도입된 웹사이트로, 인터넷상에서 정보를 모아 보여주기만 하는 웹 1.0에 비해 웹 2.0은 사용자가 직접 데이터를 다룰 수 있도록 데이터를 제공하는 플랫폼이 정보를 더 쉽게 공유하고 서비 스 받을 수 있도록 만들어져 있다

네이버 블로그는 구글이나 다음에서 검색되기 무척 어렵습니다. 네이버에서는 다른 검색 엔진이 네이버 블로그에 검색봇을 접근시킬 수 없도록 원천적으로 봉쇄하고 있기 때문입니다. 이런 식으로 네이버가 "네이버 안에서 더 큰 파이를 나눠 먹을 것이냐."와 "네이버 밖에서 작지만, 더 맛난 파이를 먹을 것이냐."를 선택하라고 강요하고 있습니다. 그래서 저희는 네이버 버스를 타시라는 말씀을 드린 겁니다. 이미 우리는 스마트 플레이스와 모두 홈페이지란 네이버 버스를 타고 왔기 때문입니다. 그런 이유로 네이버 블로그의 블로그 점유율은 72%에 달합니다.

그렇다고 네이버 블로그에 다른 장점이 없진 않습니다. UI의 편의성이 높은 편이라서, 초심자들도 쉽게 따라 할 수 있다는 장점이 있습니다. 거기에 레이아웃 변경과 세부 꾸미기를 통해 나만의 디자인을 가져갈 수도 있어 매력적입니다.

높은 블로그 점유율과 편리한 접근성으로 네이버 블로그는 분명 매력적인 온택트 마케팅 방법입니다. 그렇지만 그만큼 경쟁도 치열하죠. 기본적으로 블로그 포스트가 상위에 노출되기 위해서는, 네이버 검색 엔진의 두 가지 로직인 C-RANK(출처의 신뢰도를 계산해 랭킹에 반영하는 알고리즘)와 D.I.A(Deep Intent Analysis, 키워드별 사용자들이 선호하는 문서에 대한 점수를 랭킹에 반영한 모델)가 원하는 포스팅이 되어야만 합니다. 쉽게 말해서 자기가 정성스럽게 쓴 포스트를 꾸준히 올려야 합니다. 그런데 이제 시작해서 언제 그런 조건을 달성할 수 있을까요?

그렇다 보니 단시간 내에 결과를 내보이겠다는 대행업자들의 속삭임에 귀가 솔깃해질 수밖에 없는 것입니다. 우리가 시간만 부족한 게 아니라 블로그를 전문가에게 맡길 수 있는 자금도 부족하여 블로그도 직접 만들어서 운영해 보겠다는 것인데도, 그 업자들의 유혹은 강력합니다.

그나마 가장 효율적인 방법은 소상공인/중소기업인 여러분이 직접 교육을 받아서 점차 블로그 운영 스킬을 늘려나가는 방식입니다. 블로그 등의 SNS 관련 교육비나 컨설팅 비용은 적지 않게 들어갑니다. 그래도 한 번 배워두면 이러한 블로그 등의 SNS는 앞으로도 지속 가능한 마케팅 수단이라는 점에서 유의미합니다.

이에 반해 효과적이지 않은 방법이 상위 블로거에게 "기자단" 형식의 포스팅 광고를 진행하는 것입니다. 이것도 대행업체에 맡기는 것만큼 비용이 적지 않게 듭니다만, 적어도 목적한 키워드에서 리뷰가 상위 노출된다는 점에서 매출 전환에 도움이 되긴 합니다. 하지만 주기적으로 갱신하지 않으면 점차 순위가 떨어지게 되고, 결국 원점으로 돌아가게 됩니다. 상위 블로거에게 광고비용을 지속해서 지불해야 한다는 뜻입니다.

마지막으로 가장 효과적이지 않은 방법은 블로그에 대해 아무 것도 모르기 때문에 모두 맡기는 방식입니다. 모두 맡기면 편하기야 하겠지만, 일부 대행업체에서는 영업용 저품질 블로그에 리뷰 포스팅을 깔아놓고 비용만 청구하거나, 키워드 검색을 위한 비용 집행을 강요하기도 합니다. 이런 식의 불공정한 횡포에 회의를 느끼고 블로그 등 온택트 마케팅을 아예 중단한 소상공인/중소기업인들을 많이 보아왔기 때문에 가장 효과적이지 않은 방법이라고 표현한 것입니다.

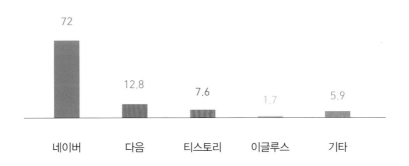

🔍 **2020년 상반기 블로그 점유율(%)** ▼

네이버	다음	티스토리	이글루스	기타
72	12.8	7.6	1.7	5.9

단위 :%　　　　　source : 블로그차트(http://www.blogchart.co.kr/)

네이버 블로그
무작정 시작하기

네이버 블로그를 만드는 것은 쉽게 생각하면 아주 쉽고, 어렵게 생각하면 꽤 복잡합니다. 꼭 라면 끓이는 것과 같습니다. 우리가 라면을 끓여 먹을 때, 봉지 안의 면과 수프만 넣고 끓이는 사람도 있고, 라면 봉지의 예시 그림처럼 홍고추나 청고추로 데코도 하고, 수육도 썰어 올려 먹는 사람도 있습니다. 블로그도 마찬가지로 무작정 내 계정에 아무것도 없는 상태에서 글을 쓴다는 게 좀 밋밋할 수도 있기 때문에 자기소개도 좀 넣고, 레이아웃도 좀 예쁜 걸로 골라서 쓰고 싶은 것입니다.

Step 1. 네이버 블로그 홈 들어가기

네이버 상단 메뉴의 '블로그' 클릭 후 '네이버 블로그 홈'에서 로그인합니다.

Step 2. 로그인 후 '내 블로그' 들어가기

로그인 창의 '내 블로그'를 클릭해서 페이지 이동 후, 좌측 메뉴의 '관리'를 클릭합니다.

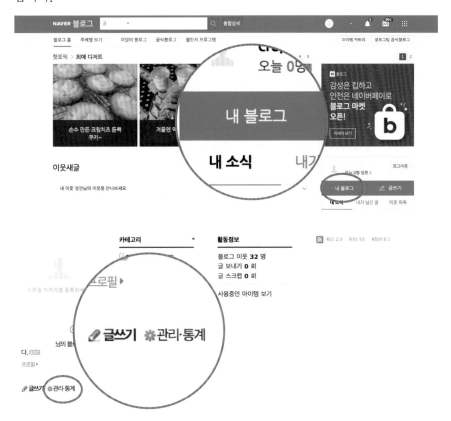

Step 3-1.   기본 설정 – 기본 정보 관리 : 블로그 정보

먼저 블로그의 기본 정보를 입력합니다. 블로그 프로필 이미지에 쓸 로고는 간판 이미지나 업체 로고 등을 쓰시는 게 무방합니다.

Step 3-2.   기본 설정 – 기본 정보 관리 : 블로그 주소 및 프로필 정보

블로그 주소는 로그인한 네이버 아이디로 기본 설정됩니다. 프로필 정보는 공개하고 싶은 범위를 말합니다. 공개하셔도 좋고, 비공개로 해도 괜찮습니다.

Step 3-3. 기본 설정 – 기본 정보 관리 : 기본 에디터 설정

블로그 글쓰기 영역을 설정합니다. '스마트에디터 ONE'과 '스마트에디터 2.0' 두 개의 버전이 있습니다. 직관적이면서 모바일 친화적인 스마트에디터 ONE을 추천 드립니다.

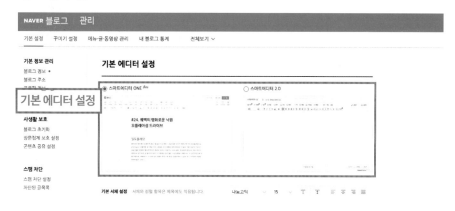

Step 4. 기본 설정 – 사생활 보호 : 콘텐츠 공유 설정

CCL 설정은 다른 사람이 내 포스팅을 재사용할 수 있는 권한을 설정합니다. 상업적 용도만 아니라면 재사용을 허가하는 건 괜찮습니다. 다만 멋대로 복사해 가는 걸 방지하기 위해 마우스 오른쪽 버튼 금지 설정을 '사용'으로 해 주세요.

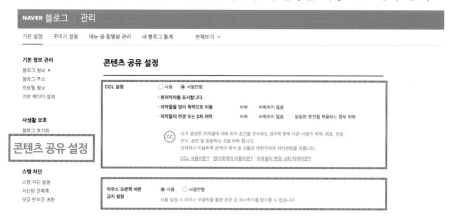

Step 5. 기본 설정 – 스팸 차단, 열린이웃

블로그를 운영하면서 스팸과 내 블로그 이웃들을 관리하는 메뉴입니다.

Step 6. 꾸미기 설정 – 스킨

블로그 스킨의 기본 세팅은 베이직입니다. 너무 밋밋하죠. 그래서 네이버는 100여 개의 무료 스킨을 제공하고 있습니다. 최근에 만들어진 것부터 노출되니 첫 페이지에 있는 것들이 가장 세련됐습니다.

꾸미기 설정 – 디자인 설정 : 레이아웃/위젯 설정

타이틀 영역, 글 영역, 메뉴 영역의 세 가지를 어떻게 구성할지 설정합니다. 본문 영역을 얼마나 중시하느냐에 따라 1단 구성, 2단 구성, 3단 구성으로 나누어 선택할 수 있습니다.

- 1단 구성 : 포스팅 본문 영역이 가장 넓은 레이아웃입니다.
- 2단 구성 : 본문과 메뉴 영역의 균형이 잡혀 있어 가독성 높아 가장 많이 사용되는 레이아웃입니다.
- 3단 구성 : 포스팅 영역을 작게 하는 대신 메뉴 영역의 편의성을 높여줍니다.

Step 7-2. **꾸미기 설정 – 디자인 설정**
: 세부 디자인 설정

레이아웃, 메뉴, 배경 등 스킨의 각 부분을 좀 더 세밀하게 디자인하실 수 있습니다.

· '세부 디자인 설정'은 워낙 자잘한 것들이 많아서 지면으로 설명해 드리기 어려운 점이 많습니다. 우리 TESS 경영 컨설팅의 유튜브 채널 "TESS의 소/중/한 마케팅"에 오시면 동영상 강의를 보실 수 있으니, 참고하시기 바랍니다.

Step 8-1. 메뉴/글/동영상 관리 – 메뉴 관리 : 상단메뉴 설정

많은 카테고리 중 중요한 것을 선별해 상단에 노출시키는 기능입니다.

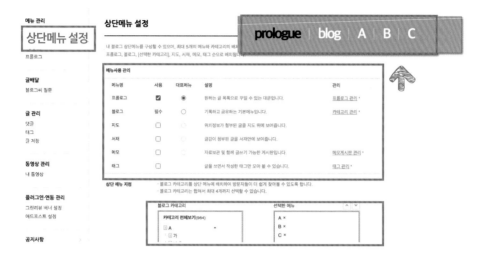

Step 8-2. 메뉴/글/동영상 관리 – 메뉴 관리 : 블로그 카테고리 관리법

상위/하위 카테고리를 만들고, 편집하는 기능입니다. 특히 하나의 카테고리를
대표 카테고리로 지정하면, 그 카테고리의 최신 글이 항상 먼저 노출됩니다.

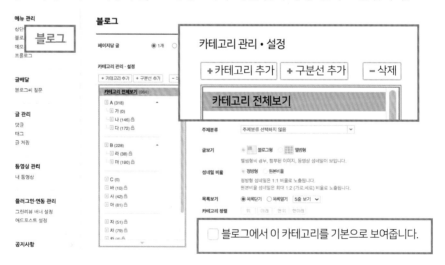

Step 8-3. 메뉴/글/동영상 관리 – 메뉴 관리 : 프롤로그

블로그의 대문으로써 글과 이미지 중 무엇을 강조할지 결정해야 합니다. 카테고리의 섬네일로 사용하는 '대표 이미지'를 먼저 노출해서 깔끔한 배치를 가져가실수도 있고, 제목과 내용 일부를 함께 노출하실 수도 있습니다.

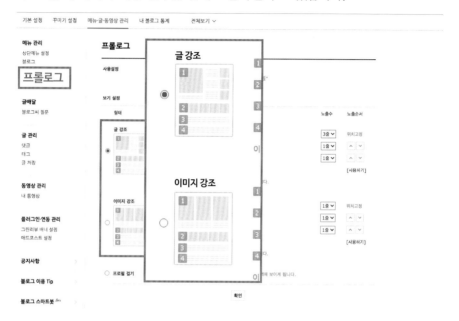

Step 9. 블로그 글쓰기

내 블로그에 들어가 '글쓰기' 메뉴를 클릭하시면, 새로운 글쓰기가 가능합니다.사진이나 동영상, 스티커, 인용구, 구분선 등을 넣어 주시면 더 깔끔하고 풍부한포스팅을 하실 수 있습니다.

여기서 잠깐!
목적 키워드로 스토리텔링 하기

포스팅하실 때는 육하원칙에 입각해 목적 키워드를 발굴하고, 현실감 있게 스토리텔링 해 보는 것이 좋습니다.

- Who 누구에게 (타겟) : 회식이 잦은 직장인
- What 무엇을 (아이템) : 매번 식상한 삼겹살 대신 테스네 숯불 닭갈비를
- When 언제 (글 발행 타이밍) : 퇴근시간 무렵 또는 불타는 금요일에
- How 어떻게 (전달방법, 글형식) : 갑자기 회식 장소를 구하라는 과장님의 지시로 발등 에 불 떨어진 김대리 사례로
- Why 왜 (고객 니즈) : 단체 회식 장소는 예약하지 않으면 구하기 힘들고, 단체 수용이 가능한 장소가 한정적이라 매번 같은 음식으로 회식하는 것이 지겨운 고객을 위한 장소

플레이스

내 업체 등록   신규장소 등록

테스네 숯불닭갈비 닭갈비

📞 033-123-4567

📍 강원 춘천시 소양로 00 지번 소양로9가 123-45

🕐 매일 09:00 ~ 21:00

🅦 숯불닭갈비 12,000 | 양념닭갈비 13,000 더보기

📍 거리뷰 ↗ 길찾기

- **대표 키워드** : 숯불 닭갈비
- **브랜드 키워드** : 테스네
- **세부 키워드** : 단체 회식, 단체 손님, 단체 예약, 직장인 회식, 회식 장소 추천, 직장인 당일 예약, 넓은 주차창

키워드를 이용한 스토리텔링

"회식 장소 당일 예약 가능한 테스네 숯불 닭갈비 "

"주차 100대도 할 수 있는 널찍한 주차장, 테스네 숯불 닭갈비 "

잘 만든 네이버 블로그
벤치마킹하기

만 명 이상의 구독자를 끌어모으고, 3천 명 대의 팬을 만들어 네이버 인플루언서가 되는 것은 말처럼 쉬운 일이 아닙니다. 소상공인/중소기업인 여러분이 온종일 일하는 시간만큼을 블로그에 투자한 직업 블로거들의 블로그를 여러분들이 포스팅 몇 번 한다고 해서 만들 수 있다는 말씀은 드리지 않겠습니다. 그저 그런 블로그가 득시글거리는 정글 같은 네이버 블로그 환경에서, 어떻게 하면 그 틈을 비집고 들어가 저비용 고효율의 온택트 마케팅을 할 수 있느냐에 대해서만 말씀드리겠습니다.

"잘 모를 때는 잘한 걸 보고 따라 하자."

이건 만고불변의 진리입니다. 우리가 무언가 새로운 걸 배울 때 그랬던 것처럼, 그냥 무조건 따라 하면서 반복을 통한 습관화가 필요합니다. 이해가 선행되어야 빨리 학습되지 않느냐고요? 그렇지만도 않습니다. 우리가 한글 창제 원리를 이해하고 한글을 배운 게 아니듯, 꼭 먼저 이해해야만 알게 되는 건 아닙니다. 그래도 우리가 아주 배운 것 없는 사람들도 아닌데, 그냥 멋모르고 따라만 하는 게 왠지 멋쩍다 싶으시면 이런 표현을 써보시죠. 벤! 치! 마! 킹!

1974년 동양제과에서 초코파이를 출시하자마자 엄청난 돌풍을 일으킵니다. 그러자 벤치마킹의 선두에 서 있는 제과업계에서 이를 그냥 보고만 있지 않았습니다. 1983년 롯데, 1986년 해태, 1989년 크라운이 각자 초코파이를 출시하기에 이릅니다. 90년대에 이르러서는 상표권 분쟁으로까지 번졌으나, 1999년 대법원판결로 "초코파이는 보통명사라 상표로 독점할 수 없다."라고 결론지어졌습니다. 이렇게 미투 상품 (Me-Too 商品, 경쟁사의 인기 상품을 모방하여 그 인기에 편승하려는 상품)들은 세상에 널리고 널렸습니다. 그러니 모르겠다 싶을 때는 무조건 따라 하고 보는 게 답입니다.

그런데 우리 사회에서 벤치마킹은 엉뚱하게도 '모방하다' 혹은 '표절하다'의 뜻으로 통용되는 면이 있습니다. 남의 것을 꼼꼼하게 뜯어보고 나의 단점을 고쳐나간다는 것이 본래의 뜻이라는 점을 확실히 새겨둘 필요가 있습니다. 상표법이나 특허법을 침해하는 행동은 벤치마킹이 아니라 범죄라는 사실은 잊지 말아야 합니다.

이런 블로그가
잘 만든 블로그

잘 만든 블로그란 무엇일까요? 디자인이 깔끔한 블로그가 잘 만든 것일까요? 방문자만 많으면 잘 만든 블로그일까요? 보는 시각에 따라서 다를 수 있겠지만, 우리는 다음과 같은 세 가지 특징을 갖춘 블로그가 잘 만들어진 블로그라고 생각합니다.

- 첫째, 블로그를 만든 **이유**가 잘 드러난다.
- 둘째, 블로그가 **전하고자 하는 게 무엇인지** 확실하다.
- 셋째, 블로그의 **진정성**이 느껴진다.

사람들이 다른 사람의 블로그를 방문하는 이유는 기본적으로 "정보" 때문입니다. 일기에 불과할 수 있는 타인의 블로그에서 "나의 시선과 다른, 타인이 일상을 바라보는 방식"이란 정보를 얻을 수 있기 때문입니다. 그래서 여러분의 블로그는 무슨 이유로 만들어졌는지 쉽게 파악될 수 있어야 합니다. 블로그 제목(블로그의 이름)이나 타이틀(블로그의 이름이 드러나는 영역)과 같은 직관적 영역에서 확실히 드러낼 수 있습니다.

그리고 여러분의 블로그가 어떤 정보를 전달해 줄 수 있는지도 확실히 드러나야 합니다. 블로그의 카테고리 구성과 각 포스트의 섬네일(작은 크기의 견본 이미지)을 통해서 직접적으로 드러낼 수 있습니다.

마지막으로 블로그 포스트에서 진정성이 느껴져야 합니다. 단순히 언론사 보도를 베껴 오거나, 남의 글을 성의 없이 모방하거나, 풀빵 찍어내듯 대행사 원고를 수정해 올린 포스트는 방문자들이 바로 알 수가 있습니다.

이와 같은 세 가지 조건을 충족한 잘 만든 블로그의 예를 함께 살펴보겠습니다.

① **펠트보이의 손그림 일러스트**(https://blog.naver.com/feltboy)

- 교육 및 정보 제공 위주로 구성하여 학부모들 사이에서 인기
- 상업용 목적 노출을 최소화하여 신뢰감 형성
- 타겟층이 누구인지 명확하게 드러나는 태그 사용
- '공지'와 '인기 포스트'가 상단에 위치하는 깔끔한 구성

매일 한편씩 올라오는 펠트보이의 손그림 강좌

| 프로필 | 포스트 | 시리즈 |

공지 2020.12.12.
[아이가 좋아하는 가장 쉬운 그림 그리기] 책이 새로 출간됐어요~! (펠트보이)

인기 포스트

[아이가 좋아하는 가장 쉬운 그림 그리기] 책이 새로 출간됐어요~!
2,603 읽음

도토리와 다람쥐 그리기 (귀여운 캐릭터)
7,048 읽음

뽀로로 얼굴 그리기 (귀여운 캐릭터)
39,333 읽음

트위티 디즈 좌
18,705 읽음

태그   더보기 >

#그리기책   #그림그리기책   #유아그림책   #아이들이좋아하는가장쉬운그림그리기

#아이가좋아하는가장쉬운그림그리기

② 피팅몬스터(https://blog.naver.com/fittingmonster)

- 눈길이 가는 문구를 활용한 블로그 배너

- 안경, 눈 건강 등 사업 아이템 관련 정보를 콘텐츠로 활용

- 다양한 이벤트를 통해 블로그 이웃들과 활발하게 소통

- 블로그 이름, 프로필 사진 및 이름을 통일해 브랜드 이름을 방문자에게 각인

Step 1. **블로그 관련 네이밍은 일관성 있게 사용할 것**

- 기왕이면 쉽게 읽혀서, 쉽게 외울 수 있게 하는 것이 좋습니다.
- 블로그 개설 아이디와 SNS 아이디는 통일시킵니다.

ex) **펠트보이(Felt_boy)** – Twitter / Instagram / YouTube / NaverPost

Twitter

Instagram

YouTube

NaverPost

블로그명에 제품 또는 서비스의 카테고리 이름을 넣을 것

- 블로그를 만든 이유와 블로그가 전달할 정보의 명확성을 가장 직관적으로 전달해 줄 수 있는 것은 블로그 제목입니다.

- 네이버 검색 엔진은 카테고리 이름이 들어간 블로그를 더 잘 검색해 줍니다.

- 검색 엔진 최적화의 기본은 블로그 콘셉트를 표현하는 단어로 블로그명을 정하는 것입니다.

PONY's diary and talk

맛집투어/드라마/영화/독서/공부 etc.

프롤로그 | 블로그 | 맛집 | 독서 | 드라마 리뷰 | study   지도 | 서재 | 안부

Step 3. **블로그 콘셉트는 평소 관심사나 좋아하는 일을 자유롭게 표현할 것**

- 펠트보이의 손그림 일러스트 블로그 : 내가 좋아하는 만들기와 그림 그리기를 작품으로 만들어 공유

- 피팅몬스터 : 눈에 관련된 상식과 생활 건강 정보를 전달

검색 엔진
최적화 따라하기

검색 엔진 최적화(Search Engine Optimization, SEO)는 검색 엔진이 자료를 수집하고 순위를 매기는 방식에 맞게 우리의 웹페이지를 구성해, 검색 결과 상위에 노출될 수 있도록 하는 작업을 말합니다. 좀 더 쉽게 말씀드리자면, "네이버가 내 블로그 포스트를 더 잘 찾아낼 수 있도록 하는 것"입니다.

검색 엔진 최적화가 이루어지면 포스트가 상위에 노출될 수가 있으며, 상위에 노출되면 방문자 수가 자연스럽게 증가하게 됩니다. 그렇게 방문자 수가 증가하면, 더 많은 고객과 만나 볼 수 있고, 매출 증대에도 도움이 됩니다.

이제 실제 사례를 가지고 검색 엔진 최적화를 알아보도록 하겠습니다. 우선 "강남 맛집"을 검색 후, 블로그 검색 결과 상위 10개 블로그 글의 공통점을 뽑아보도록 하겠습니다.

Step 1. **제목에 키워드가 들어갈 것**

원하는 키워드가 검색되기 위한 가장 기본적인 방법은 제목에 그 키워드를 넣는 것입니다. 네이버 검색 엔진은 제목에 해당 키워드가 들어 있는 포스트를 C-Rank와 D.I.A 로직을 통해 순위를 매겨서 노출합니다. 세부 키워드일수록, 키워드 조합이 길어질수록 더 중요해집니다. 해당 키워드가 제목에 없을 때는 좀처럼 검색 결과 상위에 노출되지 않습니다.

👤 EATALY의 푸드탐방 | 7일 전 | 블로그 내 검색
친구와 함께가기 좋은 **강남 맛집** 5곳
오랜만에 서울 사는 친구를 만나기 위해 기차를 타고 서울로 올라갔다. 강남에서 자취하는
친구가 추천하는 맛집 다섯 군데를 블로그에 소개하려고 한다. 1. 강남... 강남

👤 Something special, something happen | 2020.11.24 | 블로그 내 검색
연말모임에 제격인 **강남 맛집** 모음
드디어 길었던 한 해가 끝나가고, 다가오는 12월 연말모임을 위해 강남에서도 가장 핫한 핫
플레이스몇군데를 추천하려고 합니다. 친구들과 연인들과 가족들과 함께 ...

👤 my life TMI | 2020.11.27 | 블로그 내 검색
감성터지는 **강남역 맛집** 모음집
강남이야 워낙 번화한 곳이라 맛집은 널리고 널렸죠. 그중에서도 저는 인테리어도 이쁘고
음식도 너무 만족스러웠던 강남 맛집을 추천하고 싶은데요. 이곳이 요즘 워낙 핫플이라...

👤 Ever Fall in LOVE | 3일 전 | 블로그 내 검색
데이트 맛집, **강남 맛집** 베스트3
오늘은 제가 크리스마스 때 징징이(징징이는 제 남친이에요!)랑 같이가려고 열심히 알아본
강남 맛집 세곳을 소개해 주려고 해요~ 너무너무 로맨틱해서... 강.남.맛.집.이지만...

👤 매일 메리 해피 데이 | 5일 전 | 블로그 내 검색
허가 행복했던 **강남 맛집** 다녀왔어요.
요즘 음식점 맛이야 ... 최근에 맛도 좋고 서비스도 훌륭한 강남 맛집을 발견했다. 기회가 된
다면 조만간 또 가고 싶을 정도로 허랑 위가 행복했던... 강남 맛집을 검색하면 나오는...

본문에 키워드를 반복해 줄 것

본문에는 제목에 작성한 키워드를 3회가량 반복하는 것이 좋습니다. 단, 과다하게 반복하면 역효과가 날 수 있으니, 5번을 넘지 않도록 주의해 주세요.

맛집

한우가 맛있는 강남 맛집 발견했어요.

👤 배추 2020. 7. 22. 17:55   URL 복사   통계   ⋮

하루걸러 하루 꼴로 모임 약속이 있는 연말연시인데요.
요즘 시국이 시국이라 그런지 모임 약속이 잡힐 때마다 걱정이 되더라고요.
그런데 다행히 저와 친구들 모두가 만족할 만한 강남 맛집을 발견하고 안심하고 다녀올 수 있었어요.

게다가 테이블마다 손 소독제를 비치해 두고 테이블 간격도 넓혀서
더욱 안심하고 먹을 수 있었던 강남 맛집이에요.

한우 전문 식당이라 메뉴판에 고기밖에 없을 거라고 생각했는데
강남 맛집이라 그런지 다양한 메뉴가 있었어요.
한우 육회, 한우 차돌김치전골, 한우 생버섯불고기 등
군침도는 메뉴가 너무 많아서 어떤걸 선택해야할지 고민이 많이 되더라고요.

특히 한우 육회는 정말 환상적이었어요. 얼마나 신선하고 맛도 좋던지...
강남 맛집답게 기본 반찬도 다양하고 서비스로 계란찜도 주고 너무 만족스러운 곳이에요.

Step 3. 이미지를 기본적으로 10장 이상 첨부할 것

검색 엔진은 사진이 많은 포스트를 먼저 노출해 주는 경향이 있습니다. 상위에 노출된 포스트들은 모두 20장 이상 사진 첨부됐습니다. 이는 이미지가 많아서라기보다는, 양질의 포스트는 이미지도 많기 때문이라서 그렇습니다. 10장 이하의 이미지가 들어간 포스트들도 종종 상위에 노출되곤 합니다. 이미지가 많아지면 할 수 있는 이야기도 많아지고, 할 수 있는 이야기가 많아지면 내용이 풍부해집니다. 평소에 다양한 사진을 찍어서 포스트를 풍부하게 만드는 방법을 익혀두는 것이 필요합니다.

🐾 EATALY의 푸드탐방 | 7일 전 | 블로그 내 검색

친구와 함께가기 좋은 강남 맛집 5곳

오랜만에 서울 사는 친구를 만나기 위해 기차를 타고 서울로 올라갔다. 강남에서 자취하는 친구가 추천하는 맛집 다섯 군데를 블로그에 소개하려고 한다. 1. 강남... 강남

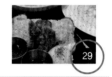

S.H Something special, something happen | 2020.11.24 | 블로그 내 검색

연말모임에 제격인 강남 맛집 모음

드디어 길었던 한 해가 끝나가고, 다가오는 12월 연말모임을 위해 강남에서도 가장 핫한 핫 플레이스몇군데를 추천하려고 합니다. 친구들과 연인들과 가족들과 함께 ...

🐾 my life TMI | 2020.11.27 | 블로그 내 검색

감성터지는 강남역 맛집 모음집

강남이야 워낙 번화한 곳이라 맛집은 널리고 널렸죠. 그중에서도 저는 인테리어도 이쁘고 음식도 너무 만족스러웠던 강남 맛집을 추천하고 싶은데요. 이곳이 요즘 워낙 핫플이라...

😊 Ever Fall in LOVE | 3일 전 | 블로그 내 검색

데이트 맛집, 강남 맛집 베스트3

오늘은 제가 크리스마스 때 징징이(징징이는 제 남친이에요!)〉랑 같이가려고 열심히 알아본 강남 맛집 세곳을 소개해 주려고 해요~ 너무너무 로맨틱해서... 강.남.맛.집.이지만...

⚫ 매일 메리 해피 데이 | 5일 전 | 블로그 내 검색

혀가 행복했던 강남 맛집 다녀왔어요.

요즘 음식점 맛이야 ... 최근에 맛도 좋고 서비스도 훌륭한 강남 맛집을 발견했다. 기회가 된다면 조만간 또 가고 싶을 정도로 혀랑 위가 행복했던... 강남 맛집을 검색하면 나오는...

Step 4. 주기적으로 새로운 글을 쓸 것

검색 엔진은 최신 글을 우선으로 상위에 노출합니다. 이는 C-Rank의 활동 지수에 큰 영향을 미치기 때문입니다. 따라서 지속해서 새 글을 발행할 필요가 있습니다. 너무 띄엄띄엄 포스팅하게 되면 블로그 자체의 활동 지수에 악영향을 줍니다. 아래 이미지를 보면 상위 노출 포스트 발행일 대부분이 최근 일주일 사이임을 알 수 있습니다.

 EATALY의 푸드탐방　（7일 전）　블로그 내 검색
친구와 함께가기 좋은 **강남 맛집** 5곳
오랜만에 서울 사는 친구를 만나기 위해 기차를 타고 서울로 올라갔다. 강남에서 자취하는
친구가 추천하는 맛집 다섯 군데를 블로그에 소개하려고 한다. 1. 강남... 강남

S.H Something special, something happen　（2020.11.24）　블로그 내 검색
연말모임에 제격인 **강남 맛집** 모음
드디어 길었던 한 해가 끝나가고, 다가오는 12월 연말모임을 위해 강남에서도 가장 핫한 핫
플레이스몇군데를 추천하려고 합니다. 친구들과 연인들과 가족들과 함께 ...

📹 my life TMI　（2020.11.27）　블로그 내 검색
감성터지는 **강남역 맛집** 모음집
강남이야 워낙 번화한 곳이라 맛집은 널리고 널렸죠. 그중에서도 저는 인테리어도 이쁘고
음식도 너무 만족스러웠던 강남 맛집을 추천하고 싶은데요. 이곳이 요즘 워낙 핫플이라...

👤 Ever Fall in LOVE　（3일 전）　블로그 내 검색
데이트 맛집, **강남 맛집** 베스트3
오늘은 제가 크리스마스 때 징징이(징징이는 제 남치니에요!)X)랑 같이가려고 열심히 알아본
강남 맛집 세곳을 소개해 주려고 해요~ 너무너무 로맨틱해서... 강.남.맛.집.이지만...

⚫ 매일 메리 해피 데이　（5일 전）　블로그 내 검색
허가 행복했던 **강남 맛집** 다녀왔어요.
요즘 음식점 맛이야 ... 최근에 맛도 좋고 서비스도 훌륭한 강남 맛집을 발견했다. 기회가 된
다면 조만간 또 가고 싶을 정도로 허랑 위가 행복했던... 강남 맛집을 검색하면 나오는...

Step 5. '사진+글'의 구조로 글을 작성할 것

가독성이 높고 네이버 검색 엔진이 선호하는 방식입니다. 아무런 설명도 없이 사진만 주르륵 나열하는 경우들이 꽤 많습니다만, 이는 적절하지 않은 포스팅입니다. 글을 읽는 고객 입장에서 글과 사진이 함께 첨부된 포스트가 읽기도 쉽고, 이해도 쉽게 되는 구조입니다. 검색 엔진은 고객이 원하는 방향으로 발전하기 마련이라, 이런 점에 유의해 주세요.

역삼역 맛집 농협한우금강정육식당은
식당에서 직접 고기를 고를 수 있고, 바로 가져다 구워주기 때문에
신선한 고기를 바로! 먹을 수 있어 너무 만족스러웠답니다~!!

Step 6. 이미지는 원본 이미지를 사용할 것

이미지나 텍스트가 다른 사람이 이미 활용한 것이라면 C-Rank에서 낮은 평가를 받게 됩니다. 글과 사진은 남의 것을 베끼지 말고, 순수 창작 글과 직접 찍은 사진을 포스트에 활용하시는 게 무엇보다 중요합니다.

동영상을 첨부할 것

노출 순위는 "텍스트 〈 텍스트+이미지 〈 텍스트+이미지+동영상" 순으로 높습니다. 동영상과 같은 멀티미디어를 첨부할수록 검색 엔진은 양질의 콘텐츠라 인식합니다.

Step 8. **댓글, 공감, 스크랩을 늘릴 것**

고객과 소통할 수 있는 세 가지 소통 창구 스크랩, 댓글, 공감, 이른바 '스댓공'이 많을수록 활발한 블로그로 인식하여 상위 노출에 유리하게 작용합니다. 다만 인위적인 공감과 댓글 작업은 어뷰징* 필터링에 걸릴 수 있으니 주의해 주세요.

. 어뷰징 – Abusing, 인터넷 포털 사이트에서 언론사가 동일한 제목의 기사를 지속적으로 전송하거나, 내용과 다른 자극적인 제목의 기사를 포털 사이트에 게재해 의도적으로 클릭 수를 늘리는 행위를 말한다.

Tip 알아두면 손해날 일 없는 마케팅 지식!
블로그 품질 지수 높이기

블로그를 검색 엔진 최적화에 맞추어 운영만 하면 무조건 검색 상위에 노출될까요? 아닙니다! 품질 지수가 높아야 블로그가 상위에 노출될 확률이 높습니다. 아래는 품질 지수에 영향을 미치는 항목들을 크게 세 가지로 나눈 것입니다. 이를 통해 블로그 품질 지수를 높이는 방법을 함께 알아보겠습니다.

활동 지수	포스트 개수, 포스트 작성 빈도, 최근까지 포스트 활동
인기 지수	이웃 수, 방문자 수, 스크랩 수, 페이지뷰
주목도 지수	방문자들이 실제로 포스트를 읽었는지, 댓글과 공감을 남겼는지 블로그 지수

- **꾸준히 포스팅할 것**

  한 달에 한 번 한꺼번에 30개 포스팅하는 것보다 하루에 한 개씩 30일 동안 꾸준히 작성하는 것이 블로그 지수를 높이는 데 유리합니다. 한꺼번에 30개를 포스팅하는 경우, C-Rank에 의해 어뷰징 블로그로 인식될 수 있습니다.

- **주목도 지수를 높일 것**

  이웃들과 활발한 교류는 블로그 주목도 지수를 높여 블로그의 전체 지수를 높이는 데 유리합니다. 이웃들이 공감할 수 있는 포스트를 작성하세요. 제품이나 서비스를 홍보하는 글보다는 이웃들에게 유익한 정보를 줄 수 있는 글을 올려보세요. 그리고 내가 작성한 글에 댓글을 달아 주기만을 기다리기보다 내가 먼저 이웃 블로그에 댓글을 달아 보는 것이 좋습니다.

- 포스트의 독창성

  포스트의 독창성은 자신이 체험하고 겪은 일을 포스트에 담아내는 것을 뜻합니다. 쉽게 말해서 남의 글을 그대로 베끼지 않아야 합니다. C-Rank와 D.I.A. 로직 양쪽이 다 선호하는 부분이라서 품질 지수를 높이는 데에 반드시 필요합니다.

- 페이지뷰를 늘릴 것

  해당 포스트와 연관된 포스트 목록 링크를 본문에 설정하여 연속해서 글을 읽을 수 있도록 만들어 보세요. 모바일에서는 블로그의 인기 있는 글들을 모아 보여주지만, PC버전에서는 그런 기능이 없기 때문에 위젯을 레이아웃에서 설치하는 게 좋습니다. 내 블로그에서의 체류 시간을 늘리면 C-Rank도 올라갑니다.

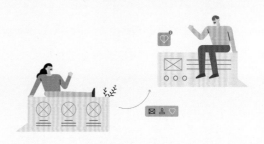

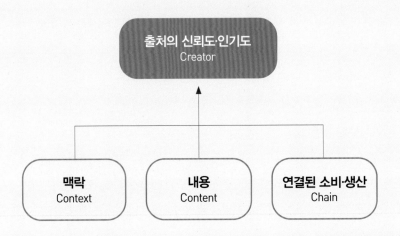

'C-Rank'란 2016년부터 네이버 검색에 도입된 알고리즘을 말합니다. 문서 자체보다는 문서의 출처인 블로그의 신뢰도를 평가하여 검색 랭킹의 정확도를 높이는 기술입니다. 이 알고리즘을 이용해 해당 블로그의 주제별 관심사 집중도는 얼마나 되는지(Context), 생산되는 정보의 품질은 얼마나 좋은지(Content), 생산된 콘텐츠는 어떤 연쇄반응을 보이며 소비·생산되는지(Chain) 파악하여, 이를 바탕으로 해당 블로그가 얼마나 믿을 수 있고 인기 있는 블로그인지(Creator) 계산합니다.

어뷰징을 감시하고, 원본 보호, 그리고 질 좋은 포스트를 제공하는 블로거를 보호하기 위해 'C-Rank'는 계속해서 진화하고 있습니다.

Tip 알아두면 손해날 일 없는 마케팅 지식!
D.I.A.

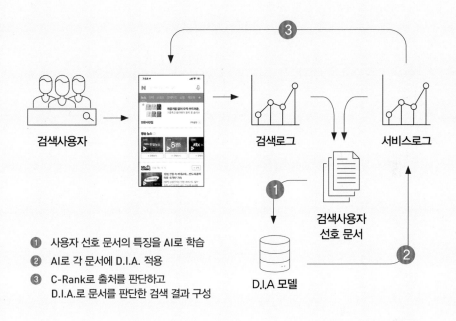

① 사용자 선호 문서의 특징을 AI로 학습

② AI로 각 문서에 D.I.A. 적용

③ C-Rank로 출처를 판단하고
D.I.A.로 문서를 판단한 검색 결과 구성

앞서 C-Rank가 문서 자체보다는 그 출처가 되는 블로그의 신뢰도를 평가하는 알고리즘이라면, D.I.A.(Deep Intent Analysis, 다이아)는 문서 자체를 평가하는 알고리즘입니다. 즉, 네이버의 데이터를 기반으로 키워드별로 사용자들이 선호하는 문서들에 대한 점수를 랭킹에 반영한 모델입니다. D.I.A. 모델에는 문서의 주제 적합도, 경험 정보, 정보의 충실성, 문서의 의도, 상대적인 어뷰징 척도, 독창성, 적시성 등의 여러 요인이 복합적으로 반영됩니다.

Ontact Marketing

6장

우리 가게를
널리 알리는
인스타그램 마케팅

매월 활발하게 활동하는 전 세계 인스타그램 계정 수
(2018년 6월 인스타그램 내부데이터)

인스타그램에서 비즈니스 계정을 팔로우하는 계정의 비율
(2019년 10월 인스타그램 내부데이터)

매일 인스타그램 스토리를 사용하는 계정 수
(2019년 1월 인스타그램 내부데이터)

01.
왜 인스타그램을
해야 하는가?

Our mission is to capture and share the world's moments.
(우리의 사명은 전세계의 순간들을 포착해서 공유하는 것이다.)

– 2013년 6월 20일 인스타그램 CEO 케빈 시스트롬의 연설중 –

가장 젊은 SNS인 인스타그램은, "인스타 여신"과 같은 스타를 배출시키기도 하고, "인스타 맛집"이나 "멋집"까지 등장시켰습니다. 이렇듯 전 세계적으로 영향력이 어마어마해지다 보니 마케팅에서 폭넓게 쓰이고 있습니다.

인스타그램은

- 사진 및 동영상을 공유할 수 있는 SNS

- 2010년 스탠포드대학 선후배 사이인 케빈 시스트롬(Kevin Systrom)과 마이크 크리거(Mike Krieger)가 창업

- 2012년 4월, 10억 달러(1조 2,000억 원)에 페이스북이 인수

- Instant camera(즉석카메라) + Telegram(전보)

우리가 과거 "SNS의 왕"이었던 페이스북 대신 인스타그램을 추천하는 이유는 다음과 같습니다.

- **메시지 전달이 쉽고 편리합니다.**

  페이스북과 인스타그램은 모두 '내 계정'과 연결된 사람들에게 내 소식을 전달할 수 있습니다. 하지만 페이스북은 30일 동안 소식 숨기기 기능을 통해 내 소식에 큰 관심을 두지 않는 사람들에게는 내 소식을 전하지 않습니다. 반면 인스타그램은 나와 연결된 계정에 무조건 내 소식을 전달하게 됩니다. 그래서 우리 매장 인스타그램 계정을 최대한 많은 사람에게 연결하기 위해 노력한다면, 그만큼 성과를 볼 수 있습니다.

- **자연스럽게 입소문을 만들 수 있습니다.**

  페이스북은 서로의 소식을 주고받는 관계 중심의 SNS에서 영상, 기사, 콘텐츠 등을 확인하는 미디어로 그 역할이 변모하고 있습니다. 따라서 소상공인들에게는 접근하기에 다소 부담스러운 SNS로 바뀌고, 너무 무거워지고 있다는 거죠. 인스타그램은 주로 일상을 올리는 SNS이기 때문에 자신이 방문한 맛집이나 매장 사진이 주된 콘텐츠입니다. 그래서 자연스러운 입소문을 만들 수 있는 SNS가 바로 인스타그램이죠. 아직은 상대적으로 가볍고 산뜻한 SNS임은 분명합니다.

- **해시태그 활용성이 상당히 큽니다.**

  인스타그램은 해시태그 기능이 상당히 활성화되어 있고, 활용성도 큽니다. 기본적으로 검색을 통해 해시태그를 따라가면, 내가 원하는 타겟에 제대로 도달할 수 있습니다. 게다가 해시태그 팔로우를 통해서 같은 관심사를 공유하고 있는 사람들과 커뮤니티를 형성할 수 있습니다.

여기서 잠깐!
해시태그란?

해시태그란 게시물에 일종의 꼬리표를 다는 기능으로 특정 단어 또는 문구 앞에 해시('#')를 붙여 연관된 정보를 한데 묶을 때 사용합니다. SNS에 게시물을 올리고 해시태그를 달면, 다른 사용자도 그 게시물과 같은 해시태그를 단 게시물을 한데 모아 찾아볼 수 있습니다.

- **스토리와 피드, IGTV를 이용한 멀티미디어 결합이 쉽습니다.**

요즘 사람들은 TV보다 유튜브 등 디지털 동영상을 더 많이 시청합니다. 특히 연령대가 낮아질수록 전문 콘텐츠 크리에이터보다 비전문 콘텐츠 크리에이터의 콘텐츠를 더 오래 시청하는 것으로 나타났습니다.

인스타그램 역시 이러한 추세에 맞게 발전하고 있습니다. 인스타그램은 2016년에는 스토리 서비스를, 2018년에는 IGTV라는 1분 이상의 고화질 동영상을 업로드할 수 있는 독립실행형 인터페이스를 선보였습니다. 같은 플랫폼 내에서 멀티미디어를 활용한 마케팅이 훨씬 다양하고 쉬워진 것입니다.

기본적으로 블로그의 콘텐츠를 통틀어 '포스트/포스팅'이라고 부르고, SNS의 콘텐츠는 '피드'라고 부릅니다. 블로그에 게시하는 글/이미지/동영상을 포스트라고 합니다. 처음 블로그가 유행할 때 블로그 콘텐츠가 마치 우편물처럼 보내진다고 해서 그렇게 부르게 된 것입니다. 그러나 블로그 포스트 하나에 많은 양의 콘텐츠를 제한 없이 올릴 수 있었던 것과 달리, SNS는 마치 애완동물에게 먹이를 주듯, 글자 수 제한이 있는 소규모 콘텐츠만을 한 번에 올릴 수 있기 때문에 피드라는 이름이 붙게 된 것입니다.

IGTV

휴대폰을 쓸 때 사람들이 가장 많이 이용하는 방식을 고려하여 설계된 IGTV에서는 세로 방향 전체 화면으로 동영상을 감상할 수 있습니다. 앱을 여는 즉시 재생이 시작되므로 검색하거나 둘러보는 과정을 거쳐 시작할 필요가 없으며, 다른 기능과 동시에 이용할 수 있습니다. 특히나 IGTV는 사용자가 가장 좋아하며 기존 인스타그램에서 팔로우 중인 크리에이터를 선별하여 제공합니다.

인스타그램 스토리

2016년 출시된 스토리는 전체화면,
저장하지 않으면 24시간 안에 사라지는
콘텐츠, 꾸미기 도구를 겸할 수 있다는
특징이 있습니다.

인스타그램 피드

2010년 출시 이후 쭉 사용 중인 피드는 정해진
크기의 이미지/영상에 설명이 들어가는 형태의
콘텐츠입니다.

인스타그램
계정 등록

기본적으로 인스타그램은 모바일 환경에서 앱으로 관리할 수 있도록 만든 서비스입니다. PC를 통해서도 접근할 수 있지만, 업로드나 수정이 불가능합니다. 무슨 일이든 보기만 하는 것보다 직접 해봐야 더 쉽고 빠르게 배울 수 있습니다. 이번에도 변함없이, Just do it!

여기서 잠깐!
인스타그래머블(Instagrammable)이란?

소셜 네트워크 서비스 중 하나인 인스타그램(Instagram)과 '~할 수 있는'이라는 뜻의 에이블(-able)의 합성어로 '인스타그램에 올릴 만한'이라는 뜻의 신조어입니다. 인스타그램에 사진을 올리며 과시하는 것을 즐기는 젊은 층의 소비문화와 이를 이용하려는 기업의 최신 마케팅 트렌드를 보여줍니다.

Step 1. 인스타그램 가입하기

인스타그램 앱을 다운로드한 뒤, 가입하기를 누르고 인증을 받아 계정을 만듭니다. 프로필 정보는 가입 이후에도 수정이 가능합니다.

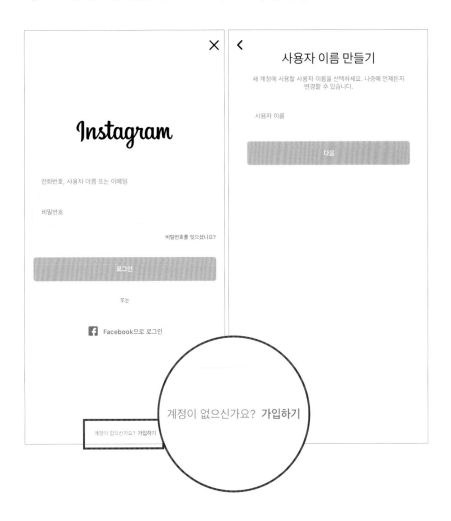

Step 2. 프로필 작성하기① : 프로필 사진

"프로필 편집" 메뉴를 클릭한 후, "프로필 사진 변경"을 눌러 프로필에 쓸 이미지를 변경해 줍니다. 이때 매장의 특징을 담은 사진을 쓰는 것이 중요합니다.

- ✓ 매장 전경보다는 간판을 넣는 게 효과적
- ✓ 음식점일 경우, 대표 메뉴, 의류 전문 매장이라면 예쁜 옷이나 모델이 입은 사진 등 매장의 특징을 보여줄 수 있는 사진이 효과적

Step 3. 프로필 작성하기② : 이름(실명)과 사용자 이름(별명)

이름은 프로필 영역에서 노출되고, 사용자 이름은 피드 상에서 노출됩니다. 마케팅 목적의 계정에서는 이름은 상호나 대표자명, 사용자 이름은 캠페인 모토 등을 사용하시면 좋습니다.

ex) 이름에는 TESS경영컨설팅, 사용자 이름에는 TESS의_소중한_마케팅

Step 4. 프로필 작성하기③ : 웹사이트 주소 입력하기

웹사이트 주소 입력은 운영하는 스마트 플레이스, 모두 홈페이지, 네이버 블로그 등의 주소를 입력하시면 됩니다.

Step 5. 프로필 작성하기④ : "소개"란 채우기

우리 업체의 콘셉트를 쓰시면 됩니다.

취소　　　　　　　　　　**프로필 편집**　　　　　　　　　　완료

Step 2

프로필 사진 바꾸기

Step 3

이름　　　　　　　　　이름

사용자 이름　　　　사용자이름

Step 4

웹사이트　　　　　웹사이트

Step 5

소개　　　　　　　소개

프로페셔널 계정으로 전환

개인 정보 설정

Step 6. 프로페셔널 계정으로 전환

❶ 프로필 설정에서 계정을 들어가서 "프로페셔널 계정으로 전환"을 클릭합니다.

❷ 예술가, 블로거, 교육, 사업가 등의 카테고리 선택이 뜹니다. 본인에게 맞는 카테고리를 선택한 후 다음으로 넘어가 주세요.

❸ 크게 "크리에이터 계정"과 "비즈니스 계정" 둘 중 하나를 선택하는 페이지입니다. 전 단계에서 선택한 카테고리에 맞게 계정을 추천해 주므로 추천을 따라가셔도 좋고, 밑에 설명글을 읽고 선택하셔도 괜찮습니다.

✓ 비용을 결제해 인스타그램에서 홍보할 수 있어 광고에 효과적

✓ 피드에 대한 분석 자료인 인사이트를 제공받아 부족한 점을 보완 가능

자, 이제는 갓 만들어진 계정에 콘텐츠를 올려보겠습니다. 무슨 대단한 걸 올려야 한다는 부담감이 있으시죠? 그러실 필요 없습니다. 말씀드린 대로 인스타그램은 그냥 일상을 올리는 곳입니다. 운영하는 매장의 일상이 바로 콘텐츠가 되는 거죠. 다만 주의하셔야 할 건, 매장 정보와 동떨어진 콘텐츠는 자제해 주세요. 지금 우리는 마케팅을 하려고 하는 거지, 진짜 일기장을 쓰려는 게 아니거든요. 특히, 정치적인 이야기와 같은 너무 치우친 개인적인 생각은 절대 쓰지 마세요.

- **식당을 운영한다면** : 오늘 판매할 재료 사진, 주방 사진 등
- **의류 전문 매장을 운영한다면** : 새로 들어온 신상, 세일하는 제품 등
- **미용실을 운영한다면** : 최신 유행 헤어스타일 등

Step 1. 새 피드(콘텐츠) 만들기

앱의 하단 정중앙에 있는 [+] 버튼을 클릭해 갤러리, 카메라, 동영상 중 선택하시면 됩니다.

❶ 맨 왼쪽 버튼은 원래 비율로 할 것인지 정사각형으로 할 것인지를 결정 가능

❷ 오른쪽 첫 번째 버튼은 "부메랑"이라는 동영상 만드는 플러그인을 설치해 인스타그램에 동영상을 올리기 가능

❸ 오른쪽 두 번째 버튼은 "레이아웃"이라는 플러그인을 설치해 여러 사진을 모아서 올리기 가능

❹ 맨 오른쪽 버튼을 누르면 여러 장의 사진을 선택 가능

Step 2. 사진 수정

갤러리에서 오른쪽 상단의 화살표 표시를 누르면 사진을 수정할 수 있는 페이지가 나옵니다. 리터칭 기능에 대한 자세한 설명은 생략하며, 필요하시다면 네이버 블로그와 유튜브 "TESS의 소중한 마케팅" 채널을 통해 알아보실 수 있습니다.

Step 3. 설명 추가

❺ 문구 입력 : 우리 계정으로 사람들을 불러 모을 수 있을만한 해시태그를 첨가합니다. 해시태그는 30개까지 첨부할 수 있습니다.

❻ 사람 태그하기 : 이 피드를 봐주었으면 하는 사람을 태그하면, 그 사람에게 알람이 갑니다.

❼ 위치 추가 : 이미지에 위치를 추가할 수 있습니다.

❽ 다른 미디어에도 게시 : 다른 SNS 계정에도 자동으로 피드가 올라갈 수 있도록 연동할 수 있습니다.

이렇게 빈칸을 다 채우고 오른쪽 상단의 체크 표시를 눌러주면 피드가 생성됩니다.

팔로우를 늘리는
인스타그램 전략

40대 안 사장님 부부는 울산에서 여성복을 판매하는 커피숍을 창업하려 합니다. 15년 넘게 여성복 관련 업종에서 일해 왔던 안 사장님은 꽤 자신감이 넘쳤습니다. 실제로 매장 계약을 하고 중도금을 지급하기 전까지는요. 중도금을 내자마자 코로나19가 폭풍처럼 번졌습니다. 잔금을 치러야하는 상황에서 부부는 밤잠을 설치고 있었습니다. 이런 상황에서 과연 손님들이 찾아올까 하는 걱정이 앞섰기 때문입니다. 바쁘게 살다 보니 주위 사람들 다 하는 블로그나 인스타그램에 대해 아는 게 아무것도 없었습니다. 결국, 부부는 과감한 결단을 내리게 되었습니다. 해당 업종에 가장 잘 어울리는 SNS가 인스타그램이란 정보를 입수하고, 돈을 들여서라도 인스타그램을 통해 매장을 홍보하기로 결심한 것입니다. 인스타그램과 관련된 책도 사고, 인스타그램 마케팅 관련 강의 등을 알아보기 시작했습니다.

소셜 네트워크 서비스(SNS)란 아주 간단한 개념입니다. 누군가를 팔로우하거나, 무언가를 팔로우하면서 관계가 형성됩니다. 영어단어 'Follow'의 뜻 그대로, 다른 사람의 계정을 따라가는 것을 '팔로우'라고 하며, 그렇게 팔로우 해온 사람들이 '팔로워'가 됩니다.

인스타그램을 하는 우리에게 필요한 것은 바로 이 팔로워들입니다. 내 계정이나 나의 해시태그를 팔로우하면서 나의 마케팅을 따라와 줄 사람들을 끌어모아야 합니다. 그렇다고 집집마다 찾아다니면서 방문 판매를 할 수 있는 건 아닙니다. 블로그와 마찬가지로, 인스타그램에 피드만 올리면 알아서 방문하고 팔로우해 주지 않습니다. 사람들은 검색을 통해 원하는 해시태그를 찾아가고, 그 해시태그들을 쓴 인기 피드부터 보게 됩니다. 우리는 다시 한번, 검색 최적화를 통한 상위 노출을 고민해야만 합니다. 그렇다면 지금부터, 인스타그램 팔로잉 전략을 살펴보도록 하겠습니다.

🔍 인스타그램 팔로잉 전략 ▼

Step 1. 자신을 브랜딩할 것

다른 사람이 이 계정에 들어오면 무얼 볼 수 있는지 확실히 알 수 있게 해줘야 합니다. 누가 보든 말든, 일상을 남기는 용도로 쓸 게 아니라면 말입니다. 그러므로 프로필 설정이 절대적으로 중요합니다. 이름과 사용자(계정) 이름부터 작정하고 잘 써야 합니다. 특히나 계정 이름인 사용자 이름은 피드와 함께 앱을 켜면 나타나는 초기 화면에 노출되기 때문에 정말 신경 써야 합니다. 또 프로필 사진은 간판 로고로 대체하는 게 유리합니다. 소개 역시 마찬가지입니다. 추상적인 감성 멘트 등은 도움이 되지 않습니다. 재치 있는 가볍고 짧은 멘트를 곁들인 직관적인 정보 정도로 만족해야 합니다.

▲ 해당 계정에 들어가면 볼 수 있는
　사용자 이름(계정 이름), 이름, 소개글

▲ 인스타그램 앱을 실행 시 바로 보이는
　사용자 이름

Step 2. 꾸준히 할 것

블로그와 마찬가지로 주기적으로 글을 올리면 다른 사람들의 관심을 끌 확률이 높아집니다. ATL(Above The Line, TV, 라디오, 신문, 잡지 등 4대 매체를 활용한 광고)이 됐건, BTL(Below The Line, 4대 매체를 제외한 이벤트, 프로모션 등의 광고)이 됐건 비정기적인 노출은 효과적인 광고가 될 수 없습니다.

Step 3. 먼저 다가가고, 활발하게 소통할 것

내 콘셉트에 맞는 해시태그를 찾아다니면서 먼저 팔로우하고, 먼저 '좋아요'를 누르고, 먼저 댓글을 달아 보세요. 인스타그램 사용자들이 그렇게 까다롭진 않습니다. 웬만하면 맞팔로우를 해 줍니다. 그렇다고 아무나 찔러보지는 마세요.

팔로워 만 명이 넘는 계정은 피하세요. 그런 사람들은 이제 팔로워에 목마르지 않습니다. 각 해시태그의 인기 게시물에 올라갈 수 있는 '좋아요'와 '팔로워'를 이미 갖춘 사람들에게는 잘 통하지 않습니다. 또 소통(Engagement)은 계정 점수에도 영향을 끼치므로 열심히 소통하셔야 합니다. '좋아요'를 눌러준다고 애니팡처럼 하트 닳는 것도 아니니 아낌없이 날려 주세요. 댓글이 달리면 '좋아요'를 눌러주고, 대댓글도 달아주세요. 이게 다 내 피드에 피가 되고 살이 되는 행동입니다. 그래야 인기 게시물로 올라갈 수도 있게 되고, 인기 게시물에 올라가야 다른 사람들에게 노출될 가능성도 커집니다.

Step 4. **팔로우 이벤트를 열 것**

'좋아요'도 누르고, 정성스럽게 댓글, 대댓글도 달아주면 아무 활동도 하지 않았을 때 보다 팔로우 수를 늘릴 수는 있지만, 이것도 어느 정도 하다 보면 한계가 찾아옵니다. 이럴 때 팔로우를 늘리기 위한 확실한 전략이 필요한데, 바로 인스타그램 팔로우 이벤트입니다. 내 인스타그램을 팔로우하는 사람 중 무작위로 몇 명에게 작은 선물을 주는 이벤트를 열어보세요. 선물은 절대 비쌀 필요 없습니다. 4천 원짜리 커피 기프티콘 정도면 충분합니다. 팔로우 이벤트는 단기적이지만 즉각적으로 효과가 나타납니다.

Step 5. 정성 들인 피드를 게시할 것

이게 뭔가 싶은, 정체도 모를 사진 하나 덜렁 올려놓으면 답이 없습니다. 경쟁자들 상당수가 어도비 라이트룸과 포토샵으로 몹시 정교하게 보정한 사진을 무기로 인스타그램에서 맞붙습니다. 사진 한 장이라도 명확한 콘텐츠를 갖추어야 합니다. 사진의 품질이 조금 부족하다면, 정성 들인 글로 어느 정도 보충할 수 있습니다. 다만 인스타그램은 장문을 소화해 주는 SNS가 아니라서 최대한 단문으로 압축하여 전달해야만 합니다. "내가 이럴 거면 차라리 카피라이터를 하고 말지."라고 푸념할 수준으로 열심히 고민해야 합니다.

Step 6. "선팔하면 맞팔"이라도 할 것

이렇게까지 노력이 많이 들어가는 일이라면, 힘들어서 못 하겠다 싶을 수도 있습니다. 그럴 때는 해시태그 "#선팔하면맞팔"을 찾아 들어가 먼저 팔로우하고, 당당하게 댓글로 팔로우를 요구해 보세요. "선팔했습니다. 좋은 친구로 지내요~"와 같은 성의 없는 댓글을 다는 것만으로도 팔로워는 늘어날 수 있습니다. 하루 백 명쯤 작업해서 10%만 남아도 한 달이면 300명입니다. 오히려 한 달 동안 품질 높은 피드만 올리고 아무 활동도 안 하는 것보다는 좀 더 빠른 성장이 가능해집니다.

Step 7. 그마저도 안 되면 돈을 들일 것

밴드왜건 효과(Band Wagon Effect, 유행에 따라 상품을 구매하는 소비현상)는 어디에서든 나옵니다. 팔로워가 많고 좋아요도 많으면, 나도 모르게 근거 없는 믿음을 내심 품게 됩니다. 비용을 지불해서 시간을 사는 건 사업의 기본이라고 할 수 있습니다. '팔로워' 천 명, '좋아요' 150개 정도를 비용을 지불하고 사는 것도 나쁜 선택은 아닙니다. 다만, 이런 어뷰징은 인스타그램에서 철저하게 걸러내고 있어 계정 사용이 일정 기간 불가능해질 수도 있다는 위험을 감수해야만 합니다.

광고 설정으로
타겟 만들기

    네이버와 구글·유튜브 그리고 페이스북·인스타그램은 복잡한 경매형 광고* 시스템을 구축하고 있습니다. 온라인 쇼핑몰처럼 전적으로 온라인에서 영업해야 하는 분들이시라면, 반드시 공부하셔서 직접 알고 접근하셔야만 합니다. 하지만 그게 아니신 분들에게는 굳이 직접 해야만 할 일은 아닙니다. 아무것도 모르고 "알아서 해주세요."라고 하는 수준은 벗어나시는 것도 좋지만, 그 시간에 오프라인에서 자신이 잘할 수 있는 일을 하시는 게 더 낫습니다. 그런 면에서 편한 CPC** 광고인 인스타그램 홍보는 속 편하게 이용하실 수 있습니다.

·   경매형 광고 – 광고 노출을 원하는 업체들이 경매 형식으로 입찰하여 광고 게재를 결정하는 형식의 광고
··   CPC – Cost Per Click, 특정 키워드를 검색한 사람들을 대상으로 광고주의 사이트가 노출되도록 하는 키워드 광고의 일종

Step 1. 홍보 만들기

프로필 영역에서 가운데 홍보 버튼을 눌러주세요. 내 계정에서 가장 인기 많았던 게시물을 자동으로 추천해 주기도 하고, 내가 홍보하고 싶은 게시물(피드)을 직접 선택할 수도 있습니다.

Step 2. 랜딩 페이지

광고를 진행할 때, '내 프로필', '내 웹사이트', '내 Direct 메시지' 중 하나를 랜딩 (도착) 페이지로 선택할 수 있습니다. 이때 선택할 수 있는 동작으로는 더 알아 보기, 가입하기, 지금 구매하기, 동영상 더보기, 문의하기, 지금 예약하기 등이 있으며, URL 변경을 통해 랜딩 페이지를 바꾸실 수 있습니다.

취소	랜딩 페이지	다음

랜딩 페이지를 선택하세요

내 프로필 ⭕

내 웹사이트 ⭕

내 Direct 메시지 ⭕

- 내 프로필 : 인스타그램을 홍보하고 싶다면 내 프로필로 연결
- 내 Direct 메시지 : 소통을 원한다면 내 다이렉트 메시지로 연결
- 내 웹사이트 : 프로필에 써 넣은 내 웹페이지로 연결

Step 3. "타겟" 만들기

성별, 연령, 위치, 관심사 등의 상
세 설정을 이용한 맞춤 마케팅이
가능합니다.

- 위치는 도시 단위까지만 지정
  할 수 있고, 그 이하로 내려가
  지 않습니다.
- 관심사는 검색해 보면 선택 가
  능한 항목들을 제안해 줍니다.

Step 4. 타겟 대상 선택

자동 타겟과 직접 만들기 중 선택
하실 수 있습니다. 타겟층을 다시
설정하고 싶다면, 돌아가서 또 만
드실 수 있습니다.

Step 5. 예산 및 기간

해당 인스타그램 계정의 일일 권장
홍보 비용을 추천해 줍니다.

Step 6. 검토

마지막으로 결제하신 후, 홍보 만
들기 버튼을 눌러주시면 됩니다.

인스타그램
상위 노출의 법칙

마지막으로 인스타그램의 상위 노출 전략에 대해 살펴보겠습니다. 네이버든 인스타그램이든 상위에 노출될 수 있는 기본적인 법칙이 있습니다. 특히 인스타그램 상위에 노출되기 위해서는 다음의 6개 항목은 꼭 반영되어야 합니다.

흥미 Interest	유저가 자주 찾아보는 해시태그부터 노출한다.
관계 Relationship	유저가 자주 찾는 팔로우부터 노출한다.
적시 Timeliness	때를 잘 맞춘 피드부터 노출한다.
빈도 Frequency	아까 본 것보다 더 최신이면서 더 나은 피드부터 노출한다.
추종 Following	팔로우가 많아질수록 자주 본 팔로우부터 노출한다.
용량 Usage	평균 체류 시간이 높은 피드부터 노출한다.

이를 바탕으로 인스타그램 검색 최적화를 위한 다음과 같은 방법들이 나올 수 있습니다.

- **꾸준히 피드를 업로드할 것**

  블로그에서 포스트가 쌓이면 블로그 품질 지수가 높아지듯, 인스타그램에서도 피드가 쌓이면 품질 지수가 올라갑니다. 볼 게 많아야 유입도 많아지고, 유입되어야 팔로우도 많아집니다. 초반에 벼락치기로 하루에 서너 개씩 피드를 채웠다가, 차차 하루 한 개에서 이틀에 한 개씩으로 줄어들면 안 됩니다. 내 피드가 줄어드는 것만큼 내 팔로워도 줄어들게 되니 처음부터 업무 흐름에 맞게, 꾸준히 피드를 올릴 수 있게 잘 계획해야 합니다.

- **푸시 알람을 켜놓고 바로 대응할 것**

  인스타그램 알고리즘은 댓글에 바로바로 대응하는 계정의 "관계" 부문을 높이 평가합니다. 대답할 거리가 없는 댓글이라면 하트나 스마일이라도 날려주세요. 그렇다고 대부분의 인스타그램 댓글이 그러하듯 영어 세 단어 이하, 한글 10음절 이하의 댓글만 다는 것은 지양해 주세요. 간혹 오래된 피드에 댓글이 달리거나 하트가 날아오면 모를 수도 있습니다. 그러니 웬만하면 푸시 알람을 켜놓고 바로바로 대응하세요.

- **늦지 않게 때맞춰서 피드를 올릴 것**

  인스타그램 알고리즘은 '좋아요'와 댓글이 많은 피드를 상위 노출하지만, 언제 올린 피드인지도 고려하고 있습니다. 그러니 팔로워나 '좋아요'를 눌러줄 사람들이 인스타그램을 사용할 만한 시간에 피드를 올리는 것이 효과적입니다. 인사이트를 활용할 경우 내 팔로워들이 주로 접속하는 시간대를 확인해 볼 수 있습니다. 미국 에이전시인 "Later"에서 알아본 바로는 오전 9시에서 11시가 최적 시간이라고 보고 있고, 국내 에이전시들에서는 오후 2~3시로 파악하고 있습니다. 보통 "피드 올린 뒤 30분이 승부처"라고들 합니다. 반은 맞고, 반은 틀렸습니다. 피드를 올린 최초 30분간 인스타그램 알고리즘은 랭킹을 매기지 않습니다. 하지만 그 30분 동안 나의 팔로워들은 '좋아요'와 댓글을 쌓아줍니다. 그 결과가 30분 이후에 노출로 반영되기 때문에 반은 맞는 말이라고 한 것입니다.

- **질문을 던져 댓글이 달릴 수 있게 만들 것**

  대화를 계속해서 이어나가기 위해서는 질문을 던지는 것이 최고입니다. 마찬가지로 내 피드를 본 사람들의 참여를 유도하기 가장 좋은 방법은, "제 이야기는 여기까지입니다. 여러분은 어떠세요? 댓글로 의견을 남겨주세요~"라고 하는 것입니다. 참여형 이벤트의 골자 역시 이런 형태입니다.

- **해시태그 30개는 전략적으로 달 것**

  인기 있는 해시태그라고 아무거나 막 가져다 붙이면 "관심 없음"으로 멀어질 수 있습니다. 가장 좋은 해시태그 조합은 해시태그만으로도 문장이 만들어지는 경우입니다. 장소·행위·비즈니스·상품·서비스·일상 등 다양한 태그가 들어가는 게 좋습니다. 이때 네이버 광고 키워드 도구처럼 활용할 수 있는 유용한 사이트가 있습니다. 바로 '미디언스'라는 해시태그 관련 사이트입니다. 미디언스에서 무료로 제공하는 해시태그랩을 이용하면 좀 더 편하게 감별할 수 있습니다.

- **사진과 동영상을 적절히 활용할 것**

  인스타그램 알고리즘은 사진과 동영상에 차별을 두진 않습니다만, 체류시간이 더 길 수밖에 없는 동영상을 많이 올릴수록 상위 노출되기 쉬워집니다. 스토리나 IGTV를 특별히 우대해서가 아니라, 많이 더 오래 보기 때문에 더 잘 노출되는 것입니다. 특히 스토리의 경우는 내 계정 내에서 최상단 노출을 우선하기 때문에 더욱 주목도가 높은 편입니다.

Ontact Marketing

7장

우리 가게
팬층을 확보하는
유튜브 마케팅

• • •

20억 명 사용자들
18~34세 연령대의 높은 시청률

10억 일일 시청 시간

93.7% 온라인 동영상 시청 시 유튜브를 이용한다는 응답

3년 연속 1위 주간 소셜미디어 이용율

01.
돈 버는
유튜브 콘텐츠

"Will It Blend? That is the question."
"갈릴 것이냐, 그것이 문제로다."

셰익스피어의 희곡, 〈햄릿〉의 3막 1장 대사로 유명한 "To Be, Or Not To Be, That Is The Question."을 패러디한 이 명제가 블렌드텍 유튜브 채널을 설명합니다. 미국의 중소기업인 블렌드텍이 만든 유튜브 채널인 "Blendtec's Will It Blend?"는 2006년 10월 31일 처음 채널이 개설된 뒤, 지금까지 2억 9천만 회의 누적 조회 수를 기록했습니다. 온택트 마케팅이 얼마나 큰 영향을 미칠 수 있는지 보여주는 전형적인 사례라고 볼 수 있습니다.

블렌드텍(Blendtec)은 1975년 미국 유타주 오렘(Orem)에서 톰 딕슨(Tom Dickson)이 설립한 믹서기 제조 회사입니다. 그들이 처음 유튜브를 시작하게 된 계기는 성능 테스트 때문이었습니다. 톰 딕슨은 믹서기의 성능을 테스트하기 위해 2인치 각목을 믹서기에 넣고 갈아보곤 했습니다. 마케팅 담당자 조지 라이트(George Wright)는 그가 믹서기에 각목을 갈아 넣을 때마다 하던 걸 멈추고 지켜보는 공장 사람들을 통해

한 가지 아이디어를 얻습니다. 바로 톰 딕슨이 물건들을 갈아버리는 걸 찍어서 인터넷에 올려보기로 한 것이죠. 영상 촬영과 프로듀싱을 위해 켈스 굿맨(Kels Goodman)도 영입했습니다. 그렇게 첫 번째 영상이 유튜브에 올려졌습니다.

"Will it blend? That is the question." 톰 딕슨의 시그니처 대사로 영상은 시작합니다. 그리고는 50개쯤 되어 보이는 구슬을 믹서기에 넣고 작동시킵니다. 잠시 후 용기의 뚜껑을 열자 먼지가 일어나고, 가루가 된 구슬을 보여주며, 마지막 자막이 나옵니다. "Yes, It Blends!"

이 56초짜리 영상은 지금까지 7백 만회 넘게 재생됐으며, 시골 동네 믹서기 회사를 단숨에 프리미엄 제품 회사로 미국 전역에 알렸습니다. 첫 번째 영상을 포함해서, 처음 여러 편의 영상을 찍기 위해 들어간 비용은 조지 라이트가 동네 코스트코(COSTCO)에 가서 사 온 재료비 50달러가 전부였습니다. 추가로 영상제작자 한 사람을 더 고용한 것 치곤, 엄청난 마케팅 효과를 얻어낸 것입니다.

블렌드텍의 유튜브 캠페인의 성공을 분석해 보니, 크게 세 가지 요인이 보였습니다.

첫째, 80년대 TV 홈쇼핑과 같은 레트로 스타일의 영상 제작이 큰 몫을 했습니다. 80년대의 단순한 영상 처리 기법에 큼직하고 촌스러운 자막, 거기에 톰 딕슨의 담백한 유머까지 더해져서 모든 세대에게 어필할 수 있었습니다.

둘째, 업혀 가기를 잘 했습니다. 아이폰4 출시일에 맞춰서 밤새 줄서서 사온 아이폰4를 갈아버린다던가, 콘솔게임인 헤일로4(Halo 4)의 출시일에 맞춰서 그 DVD 타이틀을 갈아버리기도 하고, 겨울왕국의 엘사와 마인크래프트의 스티브 인형도 갈아버리면서, 유명 브랜드들의 이름값에 업혀 가기를 잘 했습니다. 심지어 한때는 아이패드를 검색하면 애플의 아이패드가 아니라 블렌드텍의 아이패드 갈아버리는 영상이 상위에 노출되기까지 했습니다.

셋째, 커뮤니티를 만들어 냈다는 점입니다. 뭐든지 갈아버리는 데에 재미를 느끼는 사람들은 열광했고, 갈려버리는 것들에 대한 애정이 있는 사람들은 분노를 표출했습니다. 그 열광과 분노 모두 흡수할 수 있는 커뮤니티를 창출해서, 사상 최고의 바이럴 마케팅이라는 찬사까지 얻게 되었습니다.

02.
쉽게 따라하는
유튜브 콘텐츠 제작

수원에서 여성 전용 피트니스센터 창업을 준비 중인 30대 이 사장님은 이번이 두 번째 창업입니다. 다양한 관련 자격증과 경력 등으로 첫 번째 피트니스센터 창업은 꽤 성공적이었습니다. 광고를 따로 하지 않아도 회원들이 찾아오는 상황이었습니다. 하지만 주변에 동종 업체들이 우후죽순 생겨나면서 회원수는 점점 감소하게 되었고, 결국 2년 전에 폐업하였습니다. 치열한 경쟁 하에서 광고/홍보에 대한 필요성을 절실히 느낀 이 사장님은 절치부심하여 여러 가지 준비를 하고 두 번째 피트니스센터 창업을 시작하였습니다. 광고/홍보 수단으로 블로그, 인스타그램을 배워서 일찌감치 운용 중이고, 얼마 전부터는 유튜브도 준비 중입니다. 처음엔 그저 운동하는 모습을 찍어서 올리면 되겠지 싶었습니다. 그래도 혹시나 하는 마음에, 다른 피트니스업체의 유튜버들을 보게 되었습니다. 그런데 이게 웬일입니까? 단순히 운동 동작만을 설명하는 유튜브 콘텐츠는 거의 없었고, 설령 있다 하더라도 아무도 찾지 않는 것이었습니다. 충격을 받은 이 사장님은 어떻게 해야 할지 고민하다가, 얼마 전 부랴부랴 책으로 공부도 하고, 기획부터 촬영, 편집까지 모두 배울 수 있는 유튜브 강의 등을 찾기 시작했습니다.

좋은 온택트 마케팅 콘텐츠는 무엇일까요? 우리가 생각하는 좋은 콘텐츠는 일방적으로 제품과 서비스에 대해 이야기를 하는 것이 아니라, 소비자를 끌어들일 수 있는 콘텐츠라고 봅니다. 하지만 그런 콘텐츠를 만들기 쉽지 않습니다. 우리가 쉽게 보는 15분짜리 "생생정보" 한 꼭지를 만들기 위해 최소 PD, 작가, VJ 세 명이 온종일 달라붙습니다. 취재하고, 구성하고, 촬영하고, 편집하고, 자막 넣고, 내레이션까지 넣으려면 그 정도 인원과 정성은 어쩔 수 없습니다. 그렇다 보니 유튜브를 마케팅 채널로 삼기 위해 넘어야 할 가장 큰 장벽은 콘텐츠가 동영상이라는 점을 빼놓을 수 없습니다.

동영상을 그냥 찍어서 그냥 올리면 되는 거 아닌가 생각하실 수도 있습니다. 네, 그렇죠. 그렇게 해도 아무도 뭐라 하지 않습니다. 하지만 그렇게 만들면 누가 볼까요? 혼자 보시게요? 콘텐츠를 기획하고, 영상을 촬영하고, 편집하는 과정을 거쳐야 하므로 직접 만들기는 쉽지 않습니다. 휴대폰 카메라로 촬영을 하고, 최소한의 편집만으로 충분히 콘텐츠를 만들 수는 있지만, 높은 퀄리티의 콘텐츠가 넘쳐나는 요즘에는 주목받기 어렵습니다.

유튜브용 영상 콘텐츠 제작 과정은 주제 선정, 콘텐츠 결정, 촬영 및 편집의 순서대로 이루어진다고 할 수 있습니다. 각 단계별로 좀 더 상세히 알아보도록 하겠습니다.

🔍 유튜브 영상 콘텐츠 제작 과정 ▼

Step 1. 주제 선정

가급적이면 우리 매장과 관련된 아이템을 주제로 선정하세요. 음식점이라면 음식에 대한 팁, 네일샵이라면 네일 관리에 대한 팁을 다루는 것이 좋습니다. 우리는 마케팅에 도움을 얻기 위해 채널을 운영하려는 것이므로 유용한 정보를 제공해 신뢰를 확보하는 게 우선되어야 합니다. 하나 마나한 이야기, 남이 이미 했던 뻔한 이야기로는 구독자를 잡아두기 어려울 뿐만 아니라, 댓글을 통해 매서운 비판을 받을 수도 있으며, 엄청난 '싫어요' 공세에 시달릴 수 있습니다.

꾸준한 업로드를 통해 해당 분야의 전문가임을 드러내는 것도 중요하지만, 내용을 알차게 꾸미는 것도 그만큼 중요합니다. 매번 같은 주제로 다른 이야기를 만들어내는 건 생각보다 훨씬 어려울 뿐만 아니라 자칫 재미없고 지루한 콘텐츠가 될 수 있습니다. 따라서 다른 재미 요소를 추가해서 주제로 삼는 것도 필요합니다. 음식 레시피만 들이 팔 게 아니라, 가끔은 길거리 음식도 소개해 보고, 가끔은 남이 만든 간식이나 야식 먹방을 해 보는 것도 좋습니다.

유튜브는 장기전입니다. 재미가 없다면 구독자들이 쉽게 떠납니다. 주된 주제는 우리 매장과 관련된 것으로 삼되, 길게 보고 본인이 좋아하고 자신 있는 다른 주제들도 여러 가지 준비해 두시는 게 좋습니다.

관심을 갖고 관찰을 하면 돈이 보인다 - 일상에서 맥형의 통찰력을 공유합니다. | 장사 디테일 3가지 공유
조회수 2.7천회 · 4개월 전

맥형TV

맥형의 통찰력! 관심을 가지고 관찰한다. 좋은 인사이트(통찰력)을 얻는다. 실행하고 행동으로 옮긴다. 내것으로 만들어지는 과정속에 ...

장사할때 이것만 집중 관리 하세요 - 신규고객창출 효과적 마케팅
조회수 4.3천회 · 1년 전

맥형TV

https://open.kakao.com/o/sEuWPrtb 맥형과 1:1 소통하기! ◇맥형은 어떤 사람인가? 맞 줄 토크◇ 맥형의 꿈은 장사꾼이었어요.

장사 노하우 - 상권부터 컨셉까지 알고 하자! (1부)
조회수 5.3천회 · 1년 전

맥형TV

상권 #상호 #스토리 #컨셉 장사 노하우를 배워보자. 크게 4가지 요소를 가지고 이야기를 해 보려고 하는데요. 첫째, 상권 둘째, 브랜드 ...

ex) 매장과 관련된 유용한 정보를 제공하는 유튜브 : 맥형TV

Step 2. **콘텐츠 결정**

주제가 정해졌다고 무작정 촬영하기에 앞서, 촬영 콘텐츠를 설정해야 합니다. 쉽게 말해서 "예능"으로 갈 것이냐, "교양"으로 갈 것이냐, "다큐"로 갈 것이냐를 정하셔야 한다는 말입니다. 유튜브 채널을 여가로 삼고 있는 시청자에게는 오직 재미만 있으면 됩니다. 그 재미 속에서 내 마케팅만 잘 해낸다면 더 바랄 게 없겠죠. 하지만 우리 같은 아마추어들이 재미있는 영상을 기획해 내는 것은 절대 쉬운 일이 아니며, 그걸 또 재미있게 편집하는 일은 더더욱 어려운 일입니다. 욕심처럼 쉽게 일이 풀리진 않습니다.

<u>**"처음엔 정보 전달 콘텐츠도 무관,**
이후 점점 재미 요소를 추가하는 형식으로"</u>

처음 시작하다 보면 재미 요소에는 자신이 생길 수가 없습니다. 이럴 때는 그냥 순수하게 정보만 전달하는 진지한 콘텐츠도 무방합니다. 그렇게 하나씩 영상을 올리다 보면, 서툴렀던 촬영과 편집을 유머 코드로 활용할 수 있는 여유가 생기는 날이 올 겁니다. 그럼 그때부터는 재미 요소도 고민해 보는 겁니다. 무슨 일이든지 간에 시작할 때는 참 막막합니다. 막막함을 덜어낼 가장 좋은 방법은 이미 우리가 앞에서 배웠습니다. 그렇습니다! 바로 벤치마킹입니다. "모방은 창조의 어머니"란 말을 잊지 마세요. 나의 주제와 콘텐츠에 맞는 영상은 어떤 것이 있는지 열심히 찾아보고, 그중에서 제일 비슷한 영상을 우선 따라 해 보자고요!

Step 3. 촬영

이제 주제와 콘텐츠가 정해졌다면 촬영을 시작하면 되겠습니다. 촬영에 쓸 카메라는 집에 있는 디지털카메라, 그냥 그거 쓰시면 됩니다. 어떻게 쓰는지 모르시겠다고요? 그럼 그냥 스마트폰 쓰세요. 요즘 스마트폰 성능이 너무 좋아요. 10년 전 DSLR보다 좋고, 20년 전 6mm 카메라보다 더 좋습니다. 그냥 스마트폰 쓰셔도 충분합니다. 다만 삼천 원짜리 삼각대 정도는 하나 갖춰 주세요. 또 마이크가 없는 것보다 저가라도 마이크가 있는 것이 음질 면에서 더 낫습니다. 스마트폰으로 촬영을 할 때 적당한 거리를 두기 때문에 소리가 제대로 들어가기 어렵습니다. 그래서 삼천 원짜리 마이크라도 따로 하나 준비하시면, 조금 더 나은 목소리를 넣으실 수 있습니다. 사운드 없이 오로지 영상만 필요한 경우에는 그것마저도 딱히 준비하지 않으셔도 무방합니다.

Step 4. 편집

촬영이 끝났다면 편집 프로그램으로 편집합니다. 정말 많은 편집 프로그램들이 사용되고 있습니다. 가장 대중적인 인지도가 높은 편집 프로그램으로는 '어도비 프리미어'가 있습니다. 간단하게 사용하면 그리 어려운 것도 없지만, 익숙하지 않은 프로그램에 너무 많은 UI가 있다 보니 지레 겁을 먹게 됩니다. 그래서 편집 프로그램의 공통점에 관해 설명해 드리겠습니다.

편집 프로그램은 크게 네 가지 기능을 합니다.

첫째, 영상을 자르는 겁니다. 우리가 음식 재료를 도마에 올려놓고 자르듯이, 타임라인 위에 영상을 올려놓고 자릅니다. 필요한 부위만 남기고, 필요 없는 부분은 잘라서 버립니다.

둘째, 영상을 붙이는 겁니다. 삼계탕을 준비할 때, 뱃속의 찹쌀이 흘러나오지 말라고 배를 꿰매 주듯이, 손질하고 남은 영상을 붙이는 일을 합니다. 이때 그냥 붙여넣으면 좀 매끄럽지 않기 때문에 화면 전환 효과를 넣습니다. 가장 일반적으로 쓰는 전환 효과는 앞의 영상과 뒤의 영상이 자연스럽게 겹치는 효과인 '디졸브(Dissolve)'입니다.

셋째, 자막과 음악을 넣는 겁니다. 조미료를 첨가한다고 생각하시면 되겠습니다. 자막이나 BGM(Back Ground Music, 배경음악)이 없어도 음식 만드는 데는 문제 없습니다만, 좀 더 맛깔나게 만들기 위해서는 없으면 섭섭한 게 바로 이 자막과 음악입니다.

넷째, 인코딩입니다. 영상을 자르고, 이어 붙인 다음, 자막과 BGM을 넣고 나면 그것들을 한 데 묶어서 출력 파일을 만들어야 합니다. 쉽게 말해서 마지막 냄비에 넣고 끓이는 과정으로 생각하시면 되겠습니다. 각각의 재료가 냄비 안에서 푹 익는 과정을 거치면 국물 진한 삼계탕이 되듯이, 인코딩이란 과정을 거치면 영상, 사운드, 자막, BGM 등 각기 다른 매체가 하나의 영상 파일에 담기게 됩니다.

	장점	단점
뱁믹스	· 무료, 초보자도 사용하기 쉬움 · 간단한 영상 편집에 적합	· 높은 품질의 영상을 만들기에는 부적합
곰믹스	· 무료, 한글, 초보자도 사용하기 쉬움 · 효과/이미지/화면전환 등이 　프로그램 내에서 가능 · 가성비 최고	· 배경음악과 효과음 동시에 인코딩 불가 · 디테일한 편집 어려움 · 한 컷에 두 가지 영상을 넣을 수 없음 · 영상 클립 미리보기 불가
어도비 프리미어	· 포토샵 다룰 줄 아는 사람은 사용 용이 · 중상급의 영상 품질 · 독학 가능(유튜브 강좌 많음)	· 정기적으로 발생하는 사용비 　(월 23,000원 정도) · 무거운 메모리 　(편집 도중 멈추는 현상)
파이널 컷 프로 X	· 초보자부터 전문가까지 사용하기 쉬움 · MAC OS와 연동 　(애플사에서 직접 개발함) · 색상 편집 우수 · VR 편집 가능	· 윈도우에서 사용 불가 　(애플사에서 출시된 제품들만 호환)
베가스	· 소니에서 처음 출시한 프로그램 · 음향편집에 유용, 쉬운 조작법, 　다양한 코덱 · 10분만 대충 편집해도 　중급 이상의 퀄리티 발현	· 한국어 지원 안 됨

조회 수가 올라가는
콘텐츠 업로드 전략

유튜브 채널을 만들기 위해서는 구글 계정이 있어야 합니다. 어떻게 만드냐고요? 이미 가지고 계십니다. 스마트폰이라면 처음부터 아이폰만 사용해서 안드로이드폰은 사용해 본 적이 없다는 분이 아니시라면 말입니다. 혹시 구글 계정이 없어도 걱정하지 마세요. 그깟 계정 하나 만드는 거 어렵지 않습니다. 유튜브 홈페이지의 오른쪽 상단에 로그인을 클릭해서 들어가 하나 만드시면 끝입니다.

유튜브에서 채널 개설하는 방법이나 동영상 업로드 방식에 대한 자세한 설명은 생략하겠습니다. 이미 여러분은 컴퓨터 앞에 앉아 계시고, 책보다 더 좋은 유튜브 동영상을 앞에 두고 계시기 때문입니다. 로그인 버튼 왼쪽 옆의 "Youtube 앱" 버튼을 누르면 나오는 "크리에이터 아카데미"에 친절한 설명 영상들이 있습니다. 영문에 자막이라 어려우시다고요? 그래도 걱정하지 마세요! 검색창에 "유튜브 채널 만들기"로 검색해 보세요. 국내 크리에이터들이 정말 따라 하기 쉬운 영상들을 많이 올려놓았습니다.

우리는 이 책의 목적에 맞게 콘텐츠를 올릴 때 무얼 주의해야 하는지에 대해서 이야기해 보겠습니다. 다시 말해, 구글과 연계된 유튜브의 검색 엔진 최적화에 대해 간단히 훑어보는 시간을 갖도록 하겠습니다.

Step 1. 사전 준비①

네이버에 유튜브를 검색 해 들어가서 로그인합니다. 우측 상단에서 카메라 모양
의 아이콘을 클릭하면 '동영상 업로드'와 '실시간 스트리밍 시작' 메뉴가 뜹니다.

- 동영상 업로드 : 이미 녹화한 동영상 파일이 있을 때 선택해 줍니다.
- 실시간 스트리밍 시작 : 개인 라이브 방송으로, 구독자들과 실시간 소통을
  위해 이용하실 수 있습니다.

Step 2. 사전 준비②

"동영상 업로드"를 선택한 후, 화면 정중앙에 나타나는 "파일 선택"을 클릭합니
다. 그런 다음, 미리 저장해 둔 영상 파일을 선택하시면 세부 정보를 수정할 수
있는 페이지가 나옵니다.

Step 3. 세부 정보 : 제목/설명/태그 달기

제목, 설명, 태그는 유튜브 채널과 동영상을 시청자가 찾을 수 있도록 해 주는 기본 중의 기본입니다. 이외에도 자막과 카테고리가 들어가면 검색이 더 잘 될 수 있습니다.

- 불필요한 농담이나 인사보다는 잘 정리된 소개를 넣는 게 검색 최적화에 더 효과적입니다.

Step 4. 세부 정보 : "섬네일(Thumbnail)" 선택하기

섬네일은 미리보기 이미지를 말합니다. 찾아낸 동영상을 재생할지 말지 결정하게 해 주는 역할을 하므로, 직관적으로 내용을 잘 전달하고 다른 사람의 눈길을 끌 수 있는 섬네일을 만들어야 합니다.

Step 5. 세부 정보 : "재생 목록" 만들기

내 채널에 있는 연관된 다른 동영상을 하나로 엮어 자동으로 재생해 주는 기능입니다. 이렇게 하면 전체 채널의 유입과 조회 수를 늘릴 수 있다는 장점이 있습니다.

- 재생되고 있는 동영상 아래의 저장 버튼을 눌러서 만들 수 있습니다.
- 스튜디오 내에서도 설정할 수 있습니다.

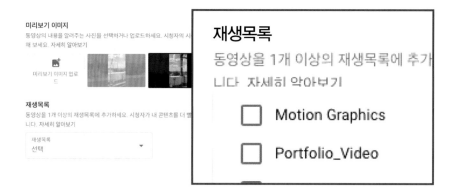

Step 6. 세부 정보 : "카테고리" 만들기

페이지 하단의 '옵션 더보기'를 클릭하면 연령 제한, 언어 및 자막, 카테고리 등 좀 더 다양한 옵션들을 설정할 수 있습니다. 이 중 카테고리를 설정할 경우 그 카테고리의 연관 동영상으로 추천 동영상 목록에 노출되기 쉬워지므로 유입 경로와 조회 수가 늘어날 수 있습니다.

Step 7. 동영상 요소 : "카드" 기능과 "최종 화면"

세부 설정을 완료 후 하단의 다음 버튼을 클릭하면 동영상 요소 페이지가 나옵니다. 이 페이지는 시청자들에게 내 계정의 다른 동영상도 알려주는 역할을 합니다.

- 카드 : 동영상 재생 도중에 나타나는 아이콘과 같은 작은 알림창. 재생 도중에 연관 동영상이나 다른 링크 등을 클릭하도록 유도.

- 최종 화면 : 동영상이 끝날 즈음 5~20초 동안 나타나는 화면. 다른 동영상을 보게 하거나 구독하도록 유도.

동영상 요소

카드와 최종 화면을 사용하여 시청자에게 관련 동영상, 웹사이트, 클릭 유도문안을 표시하세요. 자세히 알아보기

최종 화면 추가
동영상이 끝날 때 관련 콘텐츠를 홍보합니다.   동영상에서 가져오기   추가

카드 추가
동영상 재생 중에 관련 콘텐츠를 홍보합니다.   추가

ex) 최종화면 예시
(크레파스북)

Step 8. "공개 상태" 선택하기

마지막으로, 게시할 동영상의 공개 여부를 선택한 후 하단의 저장 버튼을 눌러
줍니다.

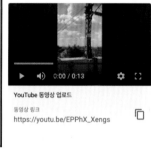

인플루언서(Influencer)란 SNS에서 수만 명에서 수십만 명에 달하는 자기 팔로워(구독자)를 가지고 있어 대중에게 영향력을 미칠 수 있는 이들을 지칭하는 말입니다. 바로 이 인플루언서를 이용해 온택트 마케팅을 해 보자는 겁니다.

자기 사업을 운영하면서, 블로그에 글도 쓰고, 인스타그램 피드 올리면서 '좋아요'도 신경 쓰며, 거기다 유튜브 동영상까지 만들어 올리는 것은 결코 쉬운 일이 아닙니다. 그래서 저희는 이렇게 말씀드리고 싶습니다. 유튜브 영상 제작이 무리라면, 직접 만드는 수고는 아끼세요. 영상 제작에 시간과 노력을 허비하지 말고, 인플루언서와 적극적으로 협업해 보세요.

각 플랫폼을 운영하는 게 자기 사업인 인플루언서들은 협업을 통한 수익 창출이 주 수입원입니다. 여러분의 협업 제의를 거절할 이유가 없습니다. 물론 가격 조건은 맞아야 할 겁니다. 채널 영향도에 따라 비용은 천차만별입니다.

우선 지역과 업종 등을 검색하면 나오는 다양한 영상 중 마음에 드는 영상의 정보를 확인해 보세요. 그 영상 중 마음에 드는 것이 있다면, 영상을 올린 채널의 정보를 확인해 보세요. 대부분 연락 가능한 전화번호나 이메일 등을 찾을 수 있습니다. 그렇다고 처음부터 너무 무리해서 영향력이 큰 인플루언서와 협업할 필요는 없습니다. 영향도가 작아도 자신의 매장, 지역, 콘셉트와 맞는 인플루언서를 선별해 효과적으로 협업하는 것이 좋습니다.

인플루언서와의 협업에서 가장 중요한 것은 진행에 따른 효과 분석이 가능한 평가 방법을 고민해 봐야 한다는 것입니다. 열 명의 인플루언서에게 한꺼번에 단기 집중 방식으로 진행했다면, 어떤 인플루언서의 채널을 통해 유입이 이루어지는 것인지 점검할 방법을 만들어 두어야 합니다. 그게 아니라 소수에게 장기간 노출하는 방식으로 진행한다면, 그 역시 그에 맞는 평가 방식을 고민해야 합니다.

에필로그
Epilogue

"2020 실패 박람회"를 아시나요? 이 실패 박람회는 실패 극복과 재도전을 위한 제도개선, 정책화 과제 발굴, 국민이 참여하는 재도전 문화 확산을 취지로 한 박람회입니다. 여러 프로그램이 있지만, 그중에서도 '국민 확산 캠페인'은 코로나19 위기를 연대와 협력으로 극복하는 것은 물론 다시 시작하는 의미로 대국민 응원을 펼치는 국민 참여 캠페인인 '다시 챌린지', 실패를 이겨낼 방법을 함께 고민하는 '다시 클리닉' 등 다양한 국민 참여형 프로그램으로 짜여 있습니다. 또 박람회에서는 국민 확산 캠페인의 원활한 진행을 위해 국민 다시인(人)이라는 서포터즈를 함께 모집하였습니다.

저희 공저자 중 한 명이자, 테스 경영 컨설팅에서 대표 컨설턴트로 활동하고 있는 지용빈 저자는 바로 이 다시인 서포터즈로 활동했습니다. "2020 실패 박람회" 홈페이지에 올라오는 상담 요청글에 전문가 답변을 달아주는 것이 지용빈 저자의 역할이었지요. 그렇게 '실패'와 '재도전'을 이야기하는 박람회 활동을 진행하면서, 저희 두 사람은 참 많은 대화를 나누었습니다. 이때 저희가 나눈 가장 중요한 철학적 고민은 "실패란 무엇인가?"였습니다. 우리는 이 고민을 통해, 실패란 그저 사전적인 의미인 "일을 잘못하여 뜻한 대로 되지 아니하거나 그르침."에 그치는 것이 아니라고 생각했습니다. 우리는 무언가를 해 보려고 마음먹었지만, 시작 자체도 못 해 본 것도 실패의 범주에 넣어야 한다는 결론에 도달한 것입니다. 시작이라도 해 보고 실패하면, 실패에서 배우는 것이 있습니다. 저희 역시 10년 전의 창업 실패가 지금에 이르러서는 큰 자산이 되었습니다. 물론 저희처럼 준비가 부족한 상태로 무턱대고 크게 지르지는 말아주세요. 하지만 시작조차 해 보지 못한 채라면, 아무것도 배울 수 없습니다. 그래서 작은 실패는 너무 두려워 말고 반드시 도전해 보라고 꼭 말씀드리고 싶습니다.

지금 이 책을 읽은 여러분들 중에는 블로그나 인스타그램, 페이스북, 유튜브 등 다양한 플랫폼에서 온택트 마케팅을 시도해 보았다가 좌절을 경험하신 분들도 계실 겁니다. 저희는 이런 분들이 이것만이라도 마음에 새기셨으면 좋겠습니다. 바로 무엇을 하든 간에 자신이 좋아하는 일보다는 자신이 잘 할 수 있는 일로 시작해 보셨으면 합니다. 흔히들 처음 진로를 선택할 때, 내가 좋아하는 것으로 첫발을 내디뎌야 할지 아니면 잘하는 것을 해야 할지 고민합니다. 물론 내가 잘하는 것이 곧 내가 좋아하는 것이면 더할 나위 없이 좋겠지만, 사람 일이라는 게 그렇게 호락호락하지 않습니다. 이럴 때 대부분의 사람은 자신의 신념이나 가치관에 맞게 선택합니다. 그러나 적어도 사업에서는, 냉정한 자기 판단과 전략이 중요합니다. 그래서 실패의 확률을 줄일 수 있는 가장 효과적인 방법인 '내가 잘하는 것'을 선택하라고 말씀드리는 겁니다. 전략적 사업 계획(Strategic Business Planning)을 세우셔야 합니다. 장기 목표를 세우고, 이를 달성하기 위한 구체적인 수단을 생각해야 한다는 의미입니다. 사업에 있어 장기 목표는 장사가 번창하고 돈을 잘 버는 것일 테고, 이를 달성할 수 있는 구체적인 수단은 고품질의 제품, 친절한 서비스 정신, 그리고 마케팅일 것입니다. 고품질의 제품이나 서비스 정신은 이미 여러분들이 충분히 갖고 있고, 또 노력으로 충분히 극복할 수 있는 문제라고 생각합니다. 그렇지만 마케팅은 다릅니다. 체계적이고 전략적인 기획을 세울 줄 알아야 하고, 변화와 유행에 민감해야 합니다. 불철주야로 바쁘게 일하시는 사장님들에게 세상의 흐름을 기민하게 알아채고, 전문가적인 계획을 수립하라고 하는 것은 충분히 무리라고 생각합니다. 다만, 저희 책을 읽으시고 어느 정도의 기초 지식과 시도는 해 볼 수 있게 되시면 좋겠습니다. 시도하다 보면 감이 생기고, 기초 지식이 쌓이다 보면 재능이 될 수도 있으니까요. 그러니 부디 '온라인 마케팅' 또는 '온택트 마케팅'을 어렵게 생각하지 마시고 한 번 시도라도 해 보시길 바랍니다. 사업은 새로운 시도에 대한 저항감을 극복해야만 기회의 문이 열린다는 점을 명심하세요. 그래도 어려우시다면, 언제든 저희를 찾아와 주세요. 문 앞을 서성이는 여러분들을 기꺼운 마음으로 기다리고 있겠습니다.

Special thanks to

이 책이 나올 수 있게
물심양면으로 도와준
지시목의 사랑하는 어머니이자
지용빈의 존경하는 아내이자
안철의 믿음직한 친구인
박지연에게
이 책을 바칩니다.